# Futuro P

## Esp‹

Il Grande Reset, Costrui... ui Nuovo Meglio e il
Collasso Economico Totale

Agenda 2021 - 2030 - Controllo della Popolazione -
Futuro Globalista?

**Rebel Press Media**

# Disclaimer

**Copyright 2021 di REBEL PRESS MEDIA - Tutti i diritti riservati**

Questo documento mira a fornire informazioni esatte e affidabili riguardo all'argomento e alla questione trattata. La pubblicazione è venduta con l'idea che l'editore non è tenuto a rendere servizi contabili, ufficialmente autorizzati o altrimenti qualificati. Se è necessaria una consulenza, legale o professionale, si deve ordinare a un individuo esperto nella professione - da una dichiarazione di principi che è stata accettata e approvata allo stesso modo da un comitato dell'American Bar Association e da un comitato degli editori e delle associazioni.

In nessun modo è legale riprodurre, duplicare o trasmettere qualsiasi parte di questo documento sia in mezzi elettronici che in formato stampato. La registrazione di questa pubblicazione è strettamente proibita e qualsiasi memorizzazione di questo documento non è consentita se non con il permesso scritto dell'editore. Tutti i diritti riservati.

La presentazione delle informazioni è senza contratto o qualsiasi tipo di assicurazione di garanzia. I marchi utilizzati sono senza alcun consenso, e la pubblicazione del marchio è senza permesso o appoggio da parte del proprietario del marchio. Tutti i marchi e le marche all'interno di questo libro sono solo a scopo chiarificatore e sono di proprietà dei proprietari stessi, non affiliati a questo documento. Non incoraggiamo alcun abuso di sostanze e non possiamo essere ritenuti responsabili per l'eventuale partecipazione ad attività illegali.

# I nostri altri libri

Dai un'occhiata ai nostri altri libri per altre notizie non riportate, fatti esposti e verità sfatate, e altro ancora.

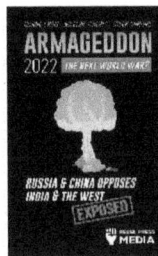

Unisciti all'esclusivo Rebel Press Media Circle!

Riceverai nuovi aggiornamenti sulla realtà non denunciata nella tua casella di posta ogni venerdì.

**Iscriviti qui oggi:**

https://campsite.bio/rebelpressmedia

# Introduzione

*"L'Autorità cerca di ottenere un accordo quadro per lo stoccaggio temporaneo dei corpi in caso di eccesso di morti per i 32 distretti di Londra e la Città di Londra, guidati dal Consiglio Comunale di Westminster.
L'accordo quadro nominerà un unico fornitore e sarà per un periodo di 4 anni. Si tratterà di un contratto di emergenza, a cui si ricorrerà solo nel caso in cui in futuro si verifichi una situazione di eccesso di decessi e sia necessario aumentare la capacità locale di stoccaggio dei corpi".*

Il 10 giugno il governo britannico ha indetto una gara d'appalto per "strutture temporanee di stoccaggio dei corpi" nell'area di Londra nel caso in cui ci sarà un "numero eccessivo di morti" nei prossimi 6 mesi - 4 anni. Molte persone ora si rendono conto che se questo accadrà davvero, anche se queste morti saranno attribuite alla variante Delta o a un'altra mutazione del Covid, in realtà saranno molto probabilmente vittime del vaccino.

Un lettore con cui abbiamo parlato di recente ha fatto il paragone con il periodo precedente la seconda guerra mondiale, quando Winston Churchill, in preparazione alla guerra (altrimenti dimostrato che era stata pianificata da entrambe le parti), ordinò di scavare fosse comuni "nel caso" che Londra fosse bombardata. Centinaia di cittadini britannici che volevano pubblicare o criticare le prove della cospirazione bellica furono

3

arrestati e imprigionati da Churchill senza processo. La storia si ripeterà, solo questa volta con le vaccinazioni di massa e i suoi oppositori?

**Guardando avanti nel 2020**

Nel novembre 2020, il governo britannico stava già "cercando urgentemente un programma di intelligenza artificiale (AI) per gestire l'alto numero previsto di gravi reazioni avverse (ADR) al vaccino Covid-19. ADRs, Adverse Drug Reactions, avevamo tradotto con 'gravi reazioni avverse', perché questo non significa effetti collaterali ordinari. Le ADR includono morti, malattie che mettono in pericolo la vita e disabilità permanenti. Pertanto, un ADR richiede sempre l'ospedalizzazione.

Le vaccinazioni, che contengono ingredienti (mRNA / istruzioni genetiche per fare la proteina più pericolosa del coronavirus nel proprio corpo) che non si possono MAI far uscire dal proprio corpo, fanno esattamente ciò che è severamente vietato per gli alimenti e le bevande. Peggio ancora: il governo sta esercitando una pressione sempre maggiore sulla popolazione affinché prenda SOLO quel vaccino, di cui, di nuovo (non lo sottolineeremo mai abbastanza), si sa già che causerà un alto numero di vittime, compresi i morti".

Come si chiama un governo che consapevolmente, deliberatamente e attivamente mette in pericolo il benessere del proprio popolo, che deliberatamente impone alla propria popolazione qualcosa che sa già in anticipo che causerà un gran numero di malati e di morti?

Cinicamente, potremmo definirlo un governo con un approccio particolarmente "lungimirante". Come ora in Inghilterra, dove vogliono fare spazio in anticipo per un numero ovviamente previsto di cadaveri, causato da... cosa?

Questo libro è una compilazione dei nostri articoli pubblicati in precedenza e di nuovi articoli per esporre i vaccini con il giusto contesto, per quanto riguarda argomenti come lo spopolamento e il controllo del mondo da parte dell'élite globalista, se volete saperne di più su argomenti come il grande reset, vi consigliamo di leggere anche gli altri nostri libri, e condividerli con tutti quelli che vi sono cari.

Vogliamo raggiungere il maggior numero di persone possibile, ecco perché continuiamo a pubblicare i nostri contenuti, per essere sicuri che se un titolo viene ignorato, l'altro titolo ottiene comunque l'attenzione di cui questi soggetti hanno bisogno.

Se vogliamo vincere questa guerra contro l'umanità, dobbiamo informare tutti sulla realtà di quello che sta succedendo in questo momento!

# Tabella dei contenuti

# Capitolo 1: agosto 2021?!

*Il 9,5% degli anziani completamente vaccinati non è ancora "protetto dalla morte", secondo il governo britannico.*

Un documento ufficiale del governo britannico (datato 31 marzo) sulla 'Roadmap' come ci si aspetta che sia nel 2021 mostra che gli anziani completamente vaccinati in particolare dovrebbero preoccuparsi della prevista 'terza ondata di corona' (che può coincidere o meno con la variante 'Delta' indiana). A pagina 18, al punto 56, c'è qualcosa degno di nota, una dichiarazione inquietante che sembra confermare il probabile scenario come lo abbiamo delineato dalla primavera 2020.

'Questo dimostra che la maggior parte dei decessi e dei ricoveri (ospedalieri) in una recrudescenza post-Roadmap (di corona (con un picco in agosto)) sono persone che hanno ricevuto due dosi di vaccino, anche senza protezione vaccinale calante o una variante emergente che sfugge ai vaccini. Questo perché la somministrazione del vaccino è così alta nelle fasce d'età più alte. Quindi, c'è il 5% degli ultracinquantenni che non sono vaccinati, e il 95% x 10% = 9,5% degli ultracinquantenni che sono vaccinati ma tuttavia non protetti dalla mortalità. Questo non è il risultato di vaccini inefficaci, ma solo perché la somministrazione di vaccini è così alta". (enfasi aggiunta)

Il 10% è la variazione stagionale presunta nella trasmissione (del virus). Questa variazione stagionale, causata dall'"interazione tra vaccinazione e immunità indotta dall'infezione", dovrebbe rendere la terza ondata (molto) più bassa della precedente, ma potrebbe prolungare la (presunta) "epidemia". Si presume anche che il 90% della popolazione sarà vaccinata fino a 50 anni.

Ma per favore rileggete questa frase: *"Questo non è dovuto a vaccini inefficaci, ma solo al fatto che la somministrazione è così alta".*

I vaccini sono "efficaci", ma poiché ne somministriamo così tanti, il 9,5% dei vaccinati sopra i 50 anni non è ancora protetto dalla morte (per il coronavirus, senza contare le mutazioni). Quello che il governo sta dicendo con questo ragionamento tenebroso è che "solo perché vacciniamo così tante persone, statisticamente più persone vaccinate moriranno".

Ma aspettate un attimo, vacciniamo TUTTE quelle persone per proteggerle dalla mortalità, giusto? Allora quel vaccino dovrebbe funzionare su TUTTE quelle persone, giusto? Forse potete sostenere che il vaccino non funziona nello 0,1% o nell'1%, ma in quasi il 10%? Confrontatelo con il Covid-19 IFR stabilito di solo lo 0,15%. Se si viene infettati, si ha solo lo 0,15% di possibilità di morirne (simile all'influenza stagionale). Quindi, perché mai dovresti correre il rischio di essere iniettato con una "terapia" altamente controversa di manipolazione genetica sperimentale?

**Un'ampia vaccinazione durante una pandemia era la cosa più stupida che si potesse fare fino al 2020**

Se si fosse a favore delle vaccinazioni, allora, forse si dovrebbe decidere di tornare a quella che era la regola generale fino al 2020, cioè che si vaccinano solo i gruppi ad alto rischio? Numerosi virologi e immunologi di fama mondiale, tra cui lo scopritore dell'HIV e premio Nobel Luc Montagnier, hanno avvertito sulla base della storia che vaccinare ampiamente tutta la popolazione (anche sana) durante un'epidemia o una pandemia - esattamente ciò che è stato fatto ovunque dalla fine dello scorso anno - è la cosa più stupida e dannosa che si possa fare.

I modelli qui utilizzati presuppongono che l'efficacia dei vaccini rimanga elevata e non considerano l'impatto delle nuove varianti un motivo di preoccupazione" (punto 61). Poi, al punto 63, questo è già contraddetto. 'La lenta importazione di nuove varianti, come la B.1.351., sono una priorità molto importante per sviluppare la prossima generazione di vaccini.' Poiché questo richiederà "molti mesi", "le misure per prevenire e gestire il rischio di importazione, come i test sugli individui... e il mantenimento di severe misure di quarantena per coloro che entrano nel paese rimangono importanti...

**Un'altra prova a favore delle vaccinazioni obbligatorie al 100%?**

Questo documento è forse un avvertimento mascherato che il 9,5% degli anziani completamente vaccinati "non sono protetti dalla mortalità" proprio a causa del vaccino? Sta forse cercando di spiegare in anticipo un numero molto alto di morti da vaccino? È forse questa la vera ragione per cui il governo britannico sta cercando dei siti per immagazzinare un "eccesso di morti" a Londra nei prossimi 6 mesi - 4 anni? Il 9,5% del 95% di 26 milioni di britannici over 50 = 24,7 milioni = 2,35 milioni di anziani che potrebbero ancora morire nonostante le loro vaccinazioni.

Non è scritto esplicitamente, ma questa premessa spiana un altro pezzo di strada verso il temuto scenario di cercare di imporre il 100% di vaccinazioni obbligatorie, e di incolpare falsamente il pochi per cento di non vaccinati per questa prossima ondata di malattie e morte, e le ondate che verranno dopo quella che sono già state annunciate.

Possiamo già intuire i falsi messaggi di propaganda dei politici e dei media del sistema: 'Solo se tutti si vaccinano si può fermare questa terza ondata/variante, i vostri nonni saranno di nuovo al sicuro, non dovremo annunciare nuovi blocchi', eccetera. Sarà ripetuto così spesso che il 90% che non ha fatto alcuno sforzo negli ultimi diciotto mesi per fare una qualsiasi ricerca critica, crederà ciecamente a questo ennesimo flusso di sciocchezze dimostrabili.

In ogni caso, il governo britannico sta lavorando sempre più apertamente verso questo obiettivo: "È altamente probabile che nuovi vaccini saranno necessari nel medio termine" (paragrafo 64). Se l'epidemia si ingrandisce come ha fatto all'inizio dell'autunno del 2020, allora è possibile avere uno scenario nazionale controllato", accanto a possibili misure regionali e locali.

## Un falso memorandum prevede una chiusura permanente in poche settimane

Un cosiddetto memorandum del governo britannico indicherebbe che il paese andrà in isolamento permanente già da 3 settimane o in agosto perché - nonostante le vaccinazioni di massa - si prevede una "terza ondata" con principalmente la variante Delta indiano. Il documento, la cui autenticità non può essere confermata e che molto probabilmente è falso*, sarebbe stato scritto dal famigerato allarmista Dr. Neil M. Ferguson, screditato per i suoi modelli di pandemia completamente sfatati dell'anno scorso, in cui prevedeva almeno mezzo milione di morti nella sola Gran Bretagna.

# Capitolo 2: abbandonare i vaccini?

*"Governo norvegese: Fermare questo vaccino salva la vita - avverte l'EMA: Il vaccino AZ può anche causare perdite dei vasi sanguigni e pressione sanguigna molto bassa, con il caso peggiore insufficienza renale ed emorragia cerebrale"*

La Norvegia ha deciso di scaricare le sue scorte di vaccini AstraZeneca nei paesi vicini perché è statisticamente più probabile morire per questo vaccino che per il Covid-19.

La FHI, la versione norvegese dell'OMS, è giunta alla decisione perché il vaccino AZ ha dimostrato di causare gravi complicazioni come coaguli di sangue, emorragie e una conta delle piastrine troppo bassa. Abbandonare il vaccino ora potrebbe salvare 10 persone che altrimenti sarebbero morte per gli effetti collaterali. Il vaccino AZ ha un tasso di mortalità di 2,3 su 100.000 in Norvegia, secondo la FHI.

L'autorità è anche contraria alla fornitura volontaria del vaccino AZ, poiché è considerato "non etico" iniettarlo a persone "che non sono pienamente consapevoli del rischio a cui sono esposte". Ciononostante, la fornitura viene data ai paesi vicini (sulla falsariga di "tutte le vite sono uguali, ma le vite norvegesi sono più uguali di quelle svedesi"?)

L'82% dei norvegesi inizialmente pensava che i vaccini Covid fossero una buona idea, ma il 76% è ora scettico. Il 99% non vuole comunque essere iniettato con AstraZeneca; contro i 'vaccini' di manipolazione genetica di Moderna (9%) e Pfizer (8%) c'è (ancora) molta meno diffidenza.

Gli scienziati tedeschi hanno scoperto che il vaccino Johnson & Johnson comporta lo stesso rischio di coaguli di sangue del vaccino AstraZeneca. Nel frattempo, l'EMA avverte di un altro potenziale effetto collaterale del vaccino AZ: La sindrome da perdita capillare, che provoca perdite di vasi sanguigni e pressione sanguigna molto bassa. Questo può portare a dolore, nausea, affaticamento e, nel peggiore dei casi, insufficienza renale ed emorragia cerebrale.

Non vogliamo preoccupare nessuno, ma coloro che stanno ancora pensando "mi sono vaccinato e non ho nulla di cui preoccuparmi": i danni da vaccino possono verificarsi immediatamente, dopo pochi giorni o settimane, ma anche dopo diversi mesi o addirittura anni. In questo senso è come il cancro: può svilupparsi alla velocità della luce, ma anche molto lentamente.

# Capitolo 3: morti da vaccino non dichiarate?

*In poco più di un mese, quasi 4.000 morti in più - Aborti spontanei dopo le vaccinazioni in Gran Bretagna in aumento del 630% (relativamente anche del 3300%)*

Il numero di morti indotte dal vaccino Covid-19 nell'UE era salito a 15.472 al 19 giugno. Quasi 600.000 persone hanno subito gravi conseguenze, tra cui malattie autoimmuni, disabilità (tra cui sordità e cecità), problemi al cuore, ai reni e al fegato, e disturbi al sistema nervoso e ai muscoli/ossa. Più di un milione e mezzo di persone hanno sperimentato effetti collaterali più lievi e non ancora permanenti. Le vaccinazioni hanno anche altre conseguenze dolorose: in Gran Bretagna, il numero di aborti spontanei dopo la vaccinazione è aumentato del 630%, e relativamente del 3300%.

Le cifre ufficiali dell'EMA hanno mostrato per tutto l'anno che le vaccinazioni Covid-19 hanno un tasso di incidenti estremamente alto ovunque, più di tutte le altre vaccinazioni degli ultimi 10 anni messe insieme. Nonostante questo, le persone sono ancora desiderose di avere questo ago di gran lunga più pericoloso mai inserito nel loro braccio. Perché? Perché così si liberano dell'"assillo" dei loro datori di lavoro o della famiglia e possono essere di nuovo "liberi". Almeno, questo è il pensiero, perché è promosso così dai media e dai politici.

**In poco più di un mese, quasi 4.000 morti in più e 284.000 casi più gravi**

Dal nostro ultimo libro, pubblicato a giugno, il numero di morti per vaccino è aumentato di 3953, e il numero di persone con conseguenze gravi (/ permanenti) di 284.187, quasi raddoppiando.

E questo per aver presumibilmente combattuto un virus che, anche misurato numericamente su due stagioni, è ancora paragonabile a un'influenza solida, e per i 70enni anche a un'influenza leggera (l'IFR medio di Covid è ancora solo lo 0,15%, secondo il professor John Ioannidis, immunologo di punta del mondo e consulente dell'OMS. Per i 70enni, è lo 0,05%, l'ENORME di un'influenza normale).

Il vaccino Moderna è il più pericoloso con 8,41% di morti per rapporto, seguito da Johnson & Johnson (4,8%), Pfizer (3,11%) e AstraZeneca (1,15%). Il vaccino Johnson produce il maggior numero di effetti avversi (3,0 per rapporto), seguito da AstraZeneca (2,7), Moderna (2,5) e Pfizer (2,3). I vaccini di Moderna (55,91%) e AstraZeneca (55,32%) producono i sintomi più gravi. Pfizer segue con il 41,96%, e Johnson con il 33,77%.

Nonostante la fede settaria nella "scienza", sempre più ingerenza

La maggior parte delle segnalazioni proviene dall'Olanda (13,7%), seguita dall'Italia (12%) e dalla Francia (8,6%). Tuttavia, è abbastanza plausibile che la registrazione nei Paesi Bassi sia migliore e più accurata che in altri paesi, e che molte vittime di vaccini lì non finiscano nelle statistiche. Tuttavia, sappiamo da fonti dirette che anche nei Paesi Bassi ci sono medici che, anche senza aver fatto alcuna ricerca, sono in grado di dire immediatamente alle persone che segnalano effetti collaterali per telefono che "non è possibile che siano dovuti alla tua vaccinazione".

Parliamo di una fede cieca e settaria nella 'scienza' - o in ciò che dovrebbe passare per scienza di questi tempi! Tuttavia, è anche possibile che questi medici abbiano semplicemente troppa paura delle conseguenze per la loro posizione e carriera se riportano o registrano conseguenze (gravi) delle vaccinazioni come tali, e quindi scelgono di 'mettere i loro soldi dove è la loro bocca'.

### Solo dall'1% al 13% finisce nelle statistiche

Le autorità statunitensi hanno ammesso, recentemente nel 2011, che solo dall'1% al 13% del numero di vittime dei vaccini viene segnalato alla FDA. Se applichiamo queste cifre all'Europa, allora in realtà i civili colpiti sarebbero da 10 a 100 volte di più di quanto dichiarato in queste statistiche, ovvero da 6 a 60 milioni, senza contare gli oltre 15.000 morti, ma almeno 150.000. (1)

Inoltre, queste sono solo le persone per le quali un legame diretto può essere dimostrato, mentre è scientificamente noto che molte persone sperimentano effetti negativi sulla salute solo dopo diversi mesi, o addirittura anni. Un legame causale non può più essere dimostrato direttamente.

**Gli aborti spontanei Gran Bretagna sono aumentati del 630%**

Le vaccinazioni hanno anche altre conseguenze dolorose: in Gran Bretagna il numero di aborti spontanei dopo la vaccinazione è aumentato del 630%, e relativamente addirittura del 3300%. Già 200 donne incinte hanno perso il loro nascituro poco dopo l'iniezione di manipolazione genetica Covid; 3 donne non sono sopravvissute.

Le donne che perdono il loro bambino non ancora nato dopo la vaccinazione possono ritenere direttamente responsabili i loro fornitori di assistenza sanitaria, poiché il foglietto illustrativo e le istruzioni per la cura, per esempio, del "vaccino" Pfizer dichiarano esplicitamente che l'iniezione non deve essere somministrata alle donne incinte, e le donne che vogliono rimanere incinte dovrebbero aspettare almeno 2 mesi dopo la loro vaccinazione per farlo.

Come in India, Cile, Taiwan e Seychelles, il numero di morti è esploso anche negli Stati Uniti e in Gran Bretagna dopo l'inizio della campagna di vaccinazione di massa contro il Covid-19. In meno di 5 mesi, ci sono stati più morti ufficiali da vaccino negli Stati Uniti che negli ultimi 10 anni (!). Secondo il sistema di registrazione VAERS - che storicamente registra solo dall'1% a un massimo del 10% del numero effettivo di casi - oltre 1750 persone sono morte a causa dei vaccini nei primi 3 mesi. Quel numero è attualmente di 5997. Solo nell'ultima settimana, 700 persone sono morte dopo essere state vaccinate contro il Covid-19.

Già 19.597 persone sono state ricoverate in ospedale dopo essere state vaccinate. 15.052 persone hanno avuto una grave reazione allergica. Altre 43.891 persone hanno avuto bisogno di cure mediche di emergenza. 2190 persone hanno avuto un attacco di cuore, 1564 hanno avuto trombosi / coaguli di sangue / un livello troppo basso di piastrine, 652 donne hanno avuto un aborto spontaneo, e 4583 persone sono state disabili.

**Più di 2 volte più morti tra i vaccinati**

Un "massacro dell'orrore vax" sta avendo luogo anche in Gran Bretagna. Le cifre (Public Health England / UK National Health Service) sono sconcertanti: il numero di morti tra i vaccinati è il doppio in termini percentuali rispetto ai non vaccinati.

Dei 19.573 non vaccinati che avrebbero ricevuto la variante "delta" - che i media mainstream stanno naturalmente sfruttando di nuovo per l'ennesima campagna di terrore della paura - sono morte 23 persone (= tasso di mortalità 0,00117%), compresa la categoria "non collegata" (4289 casi, portando il tasso di mortalità allo 0,00096%).

Dei 9344 vaccinati che hanno ricevuto la mutazione delta, 19 sono morti (= tasso di mortalità 0,00246%), più del doppio dei non vaccinati, e più di 2,5 volte tanto se si includono anche i casi "non collegati". 7 dei 19 vaccinati deceduti sono morti dopo 21 giorni o più dalla loro prima iniezione, e 12 di loro sono morti 14 giorni o più dopo la loro seconda iniezione, implicando direttamente il vaccino come causa diretta.

**Gli esperti di avvertimenti sono stati ignorati**

La tendenza conferma gli avvertimenti di numerosi scienziati ed esperti come il professore Pierre Capel, che dall'autunno del 2020 ha avvertito che esattamente questo stava per accadere ciò che ora è visibile in sempre più paesi: le persone vaccinate che sono successivamente infettate dal virus o da una mutazione hanno molte più probabilità delle persone non vaccinate di ottenere l'ADE (Antibody Dependent Enhancement), una conseguente malattia grave o addirittura la morte.

Scienziati famosi come lo scopritore dell'HIV e premio Nobel Luc Montagnier e, in Europa, il professor Schetters, hanno martellato invano sul fatto che fino al 2020 era un fatto scientifico indiscusso che vaccinare durante una pandemia è la cosa più stupida che si possa

20

fare, perché si creano mutazioni potenzialmente pericolose, che a loro volta aumentano il numero di malati e morti.

Tuttavia, la politica non è mai sembrata riguardare la salute o la sicurezza, ma l'iniettare tutti il più forzatamente possibile con organismi geneticamente modificati sperimentali / terapia genica, come parte dell'agenda tecnocratica di controllo totalitario transumano ora imposta alla popolazione mondiale sotto vari nomi (Great Reset, Agenda-2030, Build Back Better, Green New Deal).

**'Le aziende americane contano di perdere MOLTI dei loro dipendenti vaccinati'**

Il conduttore radiofonico americano Hal Turner ha pubblicato un video per gli abbonati che pretende di mostrare che le aziende americane contano di perdere la METÀ dei loro dipendenti vaccinati a causa di un vaccino Covid-19 (morti o disabili). Questa informazione non può essere verificata in questo momento.

# Capitolo 4: Prova di pianificazione?

*La possibile reazione delle parti coinvolte è del tutto prevedibile: "Coincidenza".*

Un accordo confidenziale tra il National Institutes of Allergies and Infectious Diseases (NIAID) degli Stati Uniti e il produttore di vaccini Moderna mostrerebbe che già il 12 dicembre 2019 si è concordato di trasferire "potenziali candidati vaccini contro il coronavirus" all'Università del North Carolina. Questo era 19 giorni PRIMA della prima segnalazione di un nuovo virus a Wuhan, in Cina. Se questo documento è autentico, è un'altra forte indicazione che abbiamo davvero a che fare con una pandemia pianificata, o plandemia. La prossima domanda sorge allora: queste parti sono allora anche gli agenti causali dell'"epidemia" di coronavirus?

Il documento è stato firmato da Ralph Baric (PhD) della University of North Carolina (Chapel Hill) il 12 dicembre 2019. Baric è poi emerso in alcuni media come "esperto di coronavirus della UNC".

L'altra firmataria è Jacqueline Quay, direttrice di Licensing and Innovation Support presso la stessa università. La sua firma è datata 16 dicembre 2019. Fino al 2009, Quay è stata direttrice della proprietà intellettuale presso il Duke Human Vaccine Institute e il Center for HIV-AIDS Vaccine Immunology (CHAVI) ivi situato.

A nome del fornitore dei candidati vaccini mRNA coronavirus, Barney Graham MD (PhD) ha anche firmato il documento. Graham è un "investigatore" al NIAID. Una firma elettronica, datata 12 dicembre, è di Amy F. Petrik, specialista del trasferimento tecnologico. Infine, c'è lo scarabocchio del ricercatore di Moderna Sunny Himansu (PhD). Il tutto è stato approvato dall'avvocato Shaun Ryan, vice consigliere generale di Moderna.

**Come hanno fatto gli Stati Uniti e Moderna a sapere del coronavirus con quasi 3 settimane di anticipo?**

Quindi tutte queste persone erano consapevoli ben prima che ci fosse un'epidemia in Cina che sarebbe stato necessario un vaccino mRNA per il coronavirus, e che bisognava scegliere il miglior candidato. Come potevano saperlo sia le autorità mediche statunitensi che Moderna? Solo il 31 dicembre c'è stata la prima piccola segnalazione di un nuovo virus a Wuhan. La cronologia dell'OMS afferma chiaramente che solo in quella data era emersa a Wuhan "una nuova polmonite virale".

Turner si chiede ad alta voce se non sia giunto il momento di un'indagine approfondita sui veri agenti causali della corona p(l)andemica. Ma cosa si fa quando gli stessi (co-)colpevoli (governo degli Stati Uniti) iniziano a condurre quell'indagine? Il direttore del NIAID è un certo Dr. Anthony Fauci, che sembra aver detto nient'altro che bugie nell'ultimo anno, e il cui legame diretto con la ricerca sul coronavirus 'gain of function' a Wuhan è stato dimostrato (1). Ci si può fidare di qualsiasi ricerca ufficiale nell'anno 2021?

## Evento 201 previsto 65 milioni di morti

Questa preconoscenza del coronavirus è, naturalmente, facile da spiegare alla luce dell'ormai famigerato Evento 201 dell'ottobre 2019, quando si sono tenute ampie prove con varie agenzie e governi per una "possibile" epidemia globale con un coronavirus, che è "pianificato" per uccidere 65 milioni di persone. Durante l'Evento 201, lo scenario è stato descritto come seguito esattamente dal 2020. Ora siamo nella fase 'intermedia', dove sembra che il virus stia scomparendo. Tuttavia, questo sarà seguito da un doppio colpo di ritorno (presumibilmente in autunno/inverno), dal quale, secondo lo scenario, decine di milioni 'devono' morire.

La reazione finale delle parti coinvolte e dei media a questo documento è del tutto prevedibile:

Sì, stavamo lavorando su un vaccino contro il coronavirus da anni. È una pura coincidenza che questo documento sia stato firmato poco prima dell'epidemia".

Non ho più la speranza che la gente si svegli finalmente per capire cosa sta realmente accadendo. L'atteggiamento della maggior parte delle persone è ormai così docile e ingenuo che se il governo e i media dicono loro che il cielo non è blu ma rosa, lo prendono per buono. Il prezzo che dovrà essere pagato nei prossimi anni per questo atteggiamento disinteressato, indifferente e insignificante potrebbe però essere altissimo.

# Capitolo 5: Omicidio di massa?

*Tutto ciò che il governo e i suoi scienziati ci hanno detto nell'ultimo anno e mezzo, che si tratti di blocchi, infezioni, maschere, morti o mutazioni, sono vere e proprie bugie' - 'Le possibilità che le persone vaccinate ne escano indenni? ZERO' - Se vuoi uccidere miliardi di persone nel corso di mesi o anni e avere una 'negabilità plausibile', questo è IL modo".*

Il dottor Mike Yeadon, ex-vice presidente e CSO Allergy and Respiratory Research alla Pfizer, in qualità di immunologo di punta, è stato uno dei più schietti oppositori delle vaccinazioni di massa contro la corona nell'ultimo anno. Dice che la gente "non deve avere paura di questo virus, ma deve essere terrorizzata dal proprio governo. Perché tutto quello che vi è stato detto riguardo all'isolamento, alle infezioni, alle maschere per il viso o alle mutazioni sono state vere e proprie bugie". Prima ha avvertito che i vaccini mRNA sono potenziali armi biologiche. Se si volesse spazzare via la popolazione mondiale (senza poter essere direttamente incolpati), questo è il modo". Non si rimangia una parola di quello che ha detto.

In un'intervista con The Highwire, Yeadon dice di aver trovato molto sospetto quando è stato dichiarato un blocco nel marzo 2020, ed è rimasto assolutamente scioccato quando il governo ha deciso di estendere quel blocco, nonostante il fatto che le cifre di morbilità e mortalità non lo giustificassero affatto. È stato allora che ho capito che c'era assolutamente qualcosa di incredibilmente sbagliato. La gente non dovrebbe avere paura di questo virus. Tutto quello che il governo e i suoi scienziati ci hanno detto nell'ultimo anno e mezzo sono bugie. Questa non è solo un'opinione, ma un fatto. Stanno deliberatamente dicendo falsità, e noi le chiamiamo bugie".

**'Scopo: renderci maturi per i vaccini, che è un crimine molto grave'**

L'obiettivo era di renderci maturi per i vaccini... Penso che si stia commettendo un crimine molto grave". Yeadon indica il consulente dell'OMS e il miglior immunologo del mondo John Ioannidis, che ha confermato l'anno scorso che "questa pandemia di corona è paragonabile in ogni modo a una solida influenza stagionale, e non peggio. Così il miglior epidemiologo del mondo giudica che è solo un po' peggio di una tipica influenza".

Ma il governo e tutti i politici stanno dando l'impressione che questo virus sia senza precedenti (pericoloso), il che semplicemente non è vero. Ciò che mi fa particolarmente arrabbiare è che le buone medicine (HCQ, Ivermectin, ecc.) vengono negate alla gente. Hanno detto che non ci sono trattamenti, e questo non è assolutamente vero". Numerosi medici e scienziati in tutto il mondo hanno dimostrato che questi farmaci sono effettivamente eccellenti contro il Covid-

19 (in vari stadi). 'Se questi farmaci fossero stati resi disponibili, ce ne saremmo liberati in pochi mesi'.

## Test PCR usato erroneamente e totalmente inaffidabile per questo scopo

Yeadon indica anche di nuovo il test PCR, che è noto da tempo per essere totalmente inadatto a dimostrare l'infezione da virus, come ha detto l'inventore (e premio Nobel) nel 2019, e che è stato anche riconosciuto da Marion Koopmans alla fine dell'anno scorso. Inoltre, anche questo test PCR non è utilizzato secondo lo standard scientifico. Vengono utilizzati così tanti cicli (40-45, mentre 20-25 volte è il massimo assoluto), che i risultati del test sono completamente inaffidabili (95% di falsi positivi), e ogni residuo di qualsiasi virus - compreso un comune raffreddore - dà un risultato "positivo".

Secondo l'ex vicepresidente della Phizer, questo è stato fatto intenzionalmente per poter "dimostrare" il maggior numero possibile di infezioni (false), al fine di giustificare le misure di blocco. Inoltre, il test PCR non mostra mai se qualcuno è malato o infettivo (contagioso per gli altri) comunque. (I tassi di infezione sui vari cruscotti corona erano e sono quindi del tutto fasulli).

## Le persone senza sintomi non sono MAI contagiose

Questo fu seguito da un'altra bugia di vetro, cioè che le persone senza sintomi potevano essere contagiose.

Sapevo che questo non era vero. Questa è la mia competenza! Questo è stato il mio lavoro per 40 anni. Sanno che ho ragione. Solo le persone con molte particelle di virus nelle loro vie respiratorie sono contagiose. Tuttavia, quelli avranno sempre dei sintomi. Su questo non si discute. Le persone senza sintomi hanno quindi poche particelle di virus, e quindi non possono infettare gli altri. C'è molta letteratura su questo". Anche Anthony 'bugiardo' Fauci ha letteralmente ammesso quanto nel febbraio 2020.

**Accuso i consiglieri e i ministri di omicidio di massa**

Nel corso dell'anno sono giunto alla conclusione - e questa è un'affermazione difficile - che letteralmente tutto ciò che il governo e i suoi esperti ti dicono è una bugia. Sì, sono morte delle persone, presumibilmente decine di migliaia. Ma probabilmente avrebbero potuto essere salvate. Quindi accuso i consulenti scientifici e i ministri del governo di omicidio di massa. Voglio vederli sul banco degli imputati".

'Per coloro che credono che il governo abbia detto la verità, questo è un grande punto di svolta. Mi rendo conto che questo è un grande shock'.

**I media sono "orribili bugiardi", perché il rischio di contagio è zero**

Egli indica uno studio scientifico che ha dimostrato che le persone con un test PCR positivo ma senza sintomi hanno al massimo lo 0,7% di possibilità di infettare qualcuno nella propria famiglia. Quindi il rischio di infezione era ed è ancora zero.

Io incolpo anche i media, che orribili bugiardi sono! Stanno danneggiando la loro stessa società e le loro vite, comprese quelle dei loro figli. Per mesi ci hanno mentito dicendo che si può trasmettere questo virus ad altri senza accorgersene. Questa è una vera e propria bugia, e semplicemente impossibile".

Un'altra enorme bugia: le maschere per il viso, che tutti devono indossare. Se non hai sintomi, una maschera per la bocca è comunque una sciocchezza, "ma assolutamente dannosa" per la tua salute. Quindi cosa fanno le maschere per il viso? Mantengono viva e alimentano la paura deliberatamente seminata tra la gente. Questa è la ragione principale: spaventare la gente a morte. Questo si accorda con le altre bugie che vi raccontano".

**Le chiusure non hanno fatto differenza, le infezioni avvengono nelle istituzioni**

Le chiusure, che limitavano ogni contatto umano, non funzionano mai e sono inutili. In un'epidemia di virus respiratorio, si tratta solo del numero di contatti infettivi, cioè di persone con sintomi di malattia che possono infettare gli altri. Ma noi sappiamo come affrontare questo da tempo immemorabile: stare a casa! E si limita automaticamente il numero di contatti, perché si è malati e/o si ha la febbre. Le poche persone che si ammalano davvero, davvero male, finiscono in ospedale.

Ed è per questo che la chiusura di aziende e simili non ha fatto alcuna differenza. Non è lì che sono avvenute le infezioni. Dove sono avvenute? Nei luoghi dove ci sono molte persone con sintomi, e allo stesso tempo molte persone suscettibili: gli ospedali! E lei cosa ne pensa? Lì si sono verificate molte infezioni, proprio come nelle case di cura. Nelle famiglie molto meno, perché c'era già molta immunità esistente, e i bambini non possono diffondere il virus".

Credo che il 90% di tutte le infezioni si siano verificate in quelle istituzioni. La stessa cosa è successa con la SARS-1 nel 2003 e la MERS nel 2012. Inoltre, la SARS-CoV-2 è principalmente una malattia che si verifica nelle istituzioni. Quindi il vostro governo vi ha mentito. Le chiusure non avrebbero mai potuto funzionare, perché le infezioni si sono verificate nelle istituzioni, non nella società".

**Le varianti e le mutazioni differiscono al massimo dello 0,3%, tutti gli umani ne sono immuni**

Quindi questa è un'intera lista di bugie che ci sono state dette, dall'esagerazione dei tassi di mortalità alle affermazioni che non ci sono trattamenti. Oh sì, e un'altra: che questo è un 'nuovo' virus, e quindi nessuno è immune. Il mondo intero si è terrorizzato. Poi ho fatto una ricerca e ho visto che questo virus è simile per l'80% alla SARS-1 (2003), e per circa il 60% a un comune coronavirus del raffreddore. Così ho pensato: bene, niente di cui preoccuparsi. L'immunologia è il mio forte, e così ho pensato che molte persone avevano già un'immunità molto forte (cellule T e anticorpi)".

Lo sanno anche i consulenti scientifici dei nostri governi. Uno dei consiglieri ufficiali britannici, il Sig. Patrick Vallance (il britannico Jaap van Dissel), è addirittura un ex collega di Yeadon. Abbiamo avuto gli stessi libri di testo e la stessa formazione. Sono sicuro che lui sa quello che so io, e che quando tutto questo sarà finito, confermerà tutti i miei punti, perché sono scientificamente così chiari. Purtroppo, lui e altri consiglieri hanno ripetutamente mentito apertamente, e questo per spaventare la gente".

'Ora la prossima bugia, quella del 2021: le varianti (mutazioni)'. La gente ottiene termini come la variante 'brasiliana' o 'indiana' o 'Delta' che 'questi sono davvero molto diversi, altrimenti il governo e i media non direbbero nulla su questo, vero? Ma l'ho guardato attentamente. La variante che differisce di più da quella di Wuhan differisce solo dello 0,3%. In altre parole, è uguale o superiore al 99,7%. Quindi è impossibile che queste varianti possano eludere l'immunità umana. Impossibile. Quello che vi dicono su questo sono bugie".

**Mi vergogno degli scienziati che sostengono queste bugie**

Yeadon dice che si vergogna di quella parte di scienziati che continuano a vendere e sostenere tutte queste bugie con studi e rapporti manipolati. 'Non c'è dubbio che una variante che differisce solo dello 0,3% non causa sintomi di malattia in nessuno (con immunità). Impossibile! Come scienziato, è molto frustrante sentire come i ministri e i consiglieri parlano ai media delle varianti. Stanno mentendo spudoratamente! Perché io capisco come funziona. Sia teoricamente che empiricamente, questo non è possibile. Non sono abbastanza diverse per preoccuparsi".

Egli indica uno studio scientifico (pubblicato su bioRXiv, dal Cold Spring Harbor Laboratory) che ha scoperto che le cellule T umane rispondono alle varianti di ALL. Gli scienziati che hanno osato pubblicarlo "sono eroi nazionali. La loro ricerca mi ha detto quello che avevo bisogno di sapere per dirvi questo ora".

**'Assurdo che i media non permettano una voce critica'**

L'intervistatore Del Bigtree gli chiede perché nessuno dei politici lo ascolta. Yeadon risponde che non è sicuramente l'unico, che lui e altri scienziati, medici ed esperti hanno iniziato a scrivere articoli e a fare ricerche, e a cercare di andare in televisione con le loro visioni e conclusioni per riflettere un punto di vista diverso. Ma nessuna emittente vuole far parlare scienziati critici come lui. 'Davvero assurdo.

**'Come possono gli scienziati coinvolti in questo, ancora dormire?**

Non capisco come gli scienziati coinvolti possano ancora dormire la notte... Quando guardo questi 'vaccini' basati sul gene come tossicologo, tutti contengono un codice genetico per la proteina spike del virus. Mi ci sono voluti 5 minuti per trovare 3 studi. Uno studio dice che la proteina spike causa coaguli di sangue; un altro che può causare una tempesta di citochine".

Ricordo di essermi riempito di orrore quando l'ho letto. Quindi mettete qualcosa in questi vaccini che fa sì che il corpo della gente faccia copie (innumerevoli) di questa proteina spike? Non potrebbe esistere, vero? Perché questo provoca la produzione di tossine (tossine) nel proprio corpo! Per alcuni giorni ho pensato che forse avevano cambiato la proteina spike in modo che non fosse più dannosa, ma poi ho capito che non l'avevano fatto".

**Come tossicologo, sapevo che la gente sarebbe morta**

L'ex dirigente della Pfizer cita poi il dottor Sucharit Bhakdi, un ricercatore pluripremiato molto apprezzato con più di 300 pubblicazioni in immunologia e virologia a suo nome. A novembre ho avuto una lunga conversazione telefonica con lui. Entrambi purtroppo siamo giunti alla stessa conclusione: TUTTI questi vaccini fanno sì che il corpo produca questa proteina spike, ed è impossibile che queste sostanze rimangano solo nel sito di iniezione (cosa che è stata sostenuta per mesi dal governo, dai produttori e dai media, ma che si è rivelata una bugia dimostrabile)".

Quindi eravamo sicuri che alcune persone avrebbero avuto dei coaguli di sangue". Insieme a Bhakdi, tra gli altri, e un altro rinomato esperto critico, il dottor Wolfgang Wodarg, come 'Doctors for Covid Ethics' hanno presentato senza successo una serie di lettere aperte e petizioni all'EMA di Amsterdam per fermare questi vaccini. Come tossicologo, sapevo che la gente sarebbe morta a causa di questo, cosa che mi ha sconvolto molto".

Non c'è stata nessuna ricerca su ciò che questa sostanza chimica non naturale sta facendo nel tuo corpo.

Tutte le pubblicazioni scientifiche degli ultimi 10 anni mostrano che l'mRNA era lontano dall'essere pronto per essere usato in massa nei vaccini (terapia genica) per gli esseri umani. Numerosi problemi erano e sono ancora irrisolti.

Quello che sto per dirvi molte persone non lo sanno ancora. Quando questi 'vaccini' basati sui geni ti vengono dati, stai ricevendo nel tuo corpo un agente chimico estraneo, modificato e non naturale. Avrebbero dovuto fare studi tossicologici su questo, ma nessuno lo ha fatto! Quindi non potevo credere che le agenzie dessero ancora la loro approvazione per i test su decine di migliaia di persone. Non avevano ancora le basi!

Allora come potevano sapere che queste sostanze chimiche non sarebbero state tossiche?

Come farmacologo, voglio sapere cosa fa un farmaco nel corpo di un uomo o di un animale, dove va nel corpo e per quanto tempo rimane attivo. I produttori di vaccini NON sono tenuti a fare questa ricerca. Quindi NON hanno studiato dove va il vaccino/proteina Spike nel tuo corpo una volta iniettato, quanto di esso entra nel tuo corpo, e per quanto tempo vi rimane. Ero quasi in lacrime quando ho letto quel file, perché non hanno idea di cosa succederà".

'Le possibilità che le persone vaccinate ne escano indenni sono pari a zero'

Ma posso dirvi questo: madre natura non è mai così gentile quando si introduce qualcosa di nuovo, quando si inietta una sostanza chimica nuova di zecca in un essere umano, e non si è studiato dove andrà a finire e cosa farà. Le possibilità che tu ne esca indenne? ZERO. Semplicemente non succederà". In altre parole: QUALSIASI persona vaccinata subirà prima o poi un danno alla salute a causa di questo.

Questi sono i vaccini più pericolosi di sempre. Ricordate che normalmente sono molto positivo riguardo ai nuovi sviluppi dei vaccini, ho passato la mia vita a lavorarci. Ma sono anche molto favorevole alla sicurezza". Il (presunto) funzionamento di questi nuovi vaccini mRNA contiene non meno di 5 fasi. Durante ogni fase, qualcosa può andare storto e lo farà. Alcune persone sperimenteranno solo danni lievi, altre molto gravi.

Durante il suo periodo alla Pfizer, l'mRNA si è già dimostrato molto difficile da lavorare. L'idea che in soli 10 anni questo sarà improvvisamente abbastanza sicuro da essere usato negli esseri umani è impossibile. Semplicemente non funziona così". (Nel recente 2019, gli scienziati delle migliori università americane concludevano collettivamente che ci sarebbero voluti molti anni prima che si potesse stabilire che l'mRNA (vaccini/terapia) fosse abbastanza sicuro da essere iniettato nelle persone).

Poi segue una discussione su un recente studio di scienziati del sistema che ha tentato di dimostrare che i vaccini non rappresentano un pericolo per le donne incinte. Yeadon spiega, usando le statistiche di quello studio, che le conclusioni sono sbagliate, e che c'è un pericolo - certo non molto, ma certamente non zero, secondo lui. Definisce "sconsiderato" ciò che viene fatto ora - indagare le possibili conseguenze solo DOPO che le persone sono già state vaccinate.

**Gli ADE possono portare a un numero enorme di morti".**

Lo stesso vale per le vaccinazioni Covid in generale. Abbiamo iniettato a persone sane qualcosa che può danneggiarle (come la creazione di coaguli di sangue)". Molte persone sono anche risultate allergiche all'adiuvante PEC presente nei vaccini. E indovinate un po'? Il primo giorno di vaccinazione nel mio paese (Gran Bretagna), due operatori sanitari sono andati in shock anafilattico. Secondo il vostro sistema VAERS, migliaia e migliaia di persone hanno già avuto una tale reazione anafilattica. Ed è ancora in corso".

Finora i bugiardi si sono sbagliati ogni volta. Ma temo che la fine non sia ancora in vista. Hai già menzionato l'ADE (Antibody Dependent Enchancement). Se si verifica, potrebbe essere catastrofico, e portare letteralmente a un enorme numero di morti. Alcuni medici lo stanno già prevedendo, e io sono preoccupato quanto loro. Non riesco proprio a valutare quanto sia probabile".

**'Tutte queste bugie sono, come minimo, prove concrete della cooperazione internazionale'**

Il 75% - 80% della popolazione viene vaccinata, 'ma non si sa assolutamente nulla sulla sicurezza a lungo termine. Quindi cosa succede quando le cose vanno male? Ci si comincia a chiedere se qualcuno sta davvero cercando di uccidere un gran numero di persone. Tutte le bugie che vengono dette sembrano indicare questo".

'Nel 2018 o nel 2015 non avremmo mai fatto tutte queste cose. Tutto è stato concepito tutto in una volta e diffuso in tutto il mondo nel 2020. TUTTI i governi hanno iniziato a diffondere le stesse bugie nello stesso momento. Se qualcuno può spiegarmi anche allora che tutto questo è una coincidenza? Suvvia! Come minimo, questa è una prova concreta di cooperazione internazionale, a livello sovranazionale. Quindi a febbraio (2020) c'era già un piano per ingannarvi".

**Se il tuo governo fa qualcosa di stupido e illegale, hai due scelte".**

Dico alla gente: se il tuo governo fa qualcosa che è a) stupido e b) illegale, hai due scelte. Uno: lo assecondi, o due: ti alzi e lo combatti. Ed è così stupido! Supponiamo che io sia stato vaccinato, allora non ho bisogno di sapere se anche tu o qualcun altro è vaccinato, vero? Sono protetto, no? Se dovessi prendere il virus, verrebbe distrutto, giusto?

'Allora perché devi mostrare un passaporto vaccinale? Chi lo vuole? Le persone che vogliono che tu prenda quel vaccino sono persone come (Tony) Blair, Bill Gates e altri. Blair si è dimesso con uno scandalo, è un criminale di guerra, e penso che sia rimasto tale. Lui è un politico, io sono uno scienziato. Sono assolutamente convinto che nessuno beneficerà di questi passaporti per i vaccini... È sbalorditivo che i media non si interroghino nemmeno su questo, perché se lo facessero, capirebbero che non funziona, che è un'idea stupida".

Ma cosa sta succedendo nel frattempo? Ovunque la gente viene messa sotto grande pressione, indirettamente costretta, a farsi vaccinare - anche nei

Paesi Bassi. Questa è coercizione, e non è permesso costringere le persone a sottoporsi a una procedura medica, e certamente non a una procedura sperimentale. Questo è esplicitamente vietato dal codice di Norimberga e dal diritto internazionale, che è stato firmato da tutti i paesi. Ma lo fanno lo stesso".

## I passaporti digitali dei vaccini danno al governo un controllo totale su di te

Quindi quello che voglio dire è: non prendete i vaccini Covid-19! E per quanto riguarda i passaporti per i vaccini, non riesco a pensare a niente, nei miei 61 anni, che sia più importante di impedire che questo sistema venga realizzato. Perché se ci lasciamo ingannare nel pensare che dobbiamo avere una di quelle app sul nostro telefono per dimostrare di essere stati vaccinati, allora si avrà il primo ID digitale generale globale, non ci saranno più frontiere, e potranno fermarti per fare qualsiasi cosa (o arrivare ovunque)".

Se arriva questo sistema, chiunque possieda questo database avrà il controllo completo su di te. Poi potranno proibirti di salire sugli aerei, nei negozi o nelle stazioni di servizio. Avranno il controllo totale su di te, e se pensano che tu non debba fare qualcosa, ti fermeranno, e non c'è niente che tu possa fare al riguardo. Perché tutti intorno a te stanno partecipando, e tu non hai scelta".

L'intero scopo di questa pandemia, le bugie e i vaccini è di farti entrare in questo ID digitale. Una volta che questo sistema è attivo e funzionante, vi costringeranno a fare dei 'richiami' (nuove vaccinazioni) con bugie sulle mutazioni. Non ne avete bisogno; sono terrorizzato da questi 'richiami'. Questi non sono vaccini. Miliardi di dosi sono già state fatte".

Cosa succederà allora? Poi riceverai un messaggio sul tuo smartphone che ti dirà di andare a prendere questo o quel vaccino entro 2 settimane. Non lo fai? Allora il tuo passaporto di vaccinazione scadrà, e con esso la tua carta di pagamento per entrare in un negozio o in una stazione di servizio. Non sto dicendo che questo accadrà, ma potrebbe. Ci sono abbastanza prove che alcuni giocatori molto malvagi sono coinvolti".

**E cosa succede se i prossimi vaccini contengono qualcosa che ti uccide?**

'E ora che succede se nel terzo, quarto o quinto vaccino c'è qualcosa progettato per ucciderti? Non lo so, ma se volessi mettere in piedi un sistema con controllo totale e negabilità plausibile, e iniettare in miliardi di persone qualcosa che le uccide nel corso di mesi o anni, non riesco a pensare a un piano migliore di questo".

Se pensi: sei diventato pazzo - mostrami dove non sono logico. Perché altrimenti ti stai affidando a persone che sono davvero così cattive. E ho paura che queste persone esistano. Ci sono sempre state, guarda Pol Pot, i nazisti, Stalin, l'Argentina degli anni '70. Nel corso del tempo, ci sono state ovunque persone che sono disposte a uccidere altre persone per ottenere ciò che vogliono. Tutto quello che sto suggerendo ora è che questo sta accadendo anche adesso. L'unica differenza è che questa volta sta accadendo con la tecnologia invece che con le armi, e a causa di Internet quasi tutti su questo pianeta sono coinvolti".

Ma a parte questo, sono le stesse persone corrotte, ripugnanti e con menti criminali. Penso che ora abbiano escogitato questo sistema che permette che questo accada. E anche se credete al governo: per favore non accettate mai i passaporti digitali dei vaccini in modo che possano avere il controllo totale su di voi e poi costringervi a farvi iniettare. Gli immunologi dicono che questi non possono essere vaccini - allora cosa sono?

**Questi sono assassini di massa che non si preoccupano di uno zero.**

Non sono una persona religiosa, ma sono giunto alla conclusione che ora sto guardando i volti del Male. La gente può rubare, imbrogliare, fare irruzione, la gente può fare cose malvagie. Ma QUESTO piano non è stato ideato in 5 minuti... Se qualcuno è disposto a firmare (o eseguire) un ordine (/ legge) che sa che costerà, diciamo, la vita a 20.000 persone, allora ha già deciso che è un assassino di massa, e non importa più se a questo si aggiunge qualche altro zero e diventa NOVE zeri (un miliardo)".

Chi lo sente per la prima volta penserà che sto impazzendo, ma io sono il più calmo possibile. Ci hanno mentito sulla gravità del virus, che non è affatto pericoloso. Ci sono state negate medicine efficaci. Misure come l'isolamento e le maschere sono palesemente inefficaci. Inoltre, la narrazione sulle varianti (/ mutazioni) non è vera. Quindi, anche se il vaccino si rivelasse sicuro, sareste comunque ingannati con questa narrazione verso quelle che credo siano le porte dell'inferno".

Se qualcuno non vuole credere a questo: Non ho ancora incontrato nessuno che abbia una spiegazione benigna per quello che si sta facendo ora. Le mie conclusioni su dove questo sta portando possono essere sbagliate, ma non le mie conclusioni che questo viene fatto in modo fuorviante e deliberatamente, e che sta danneggiando le persone".

**Siate terrorizzati dal vostro governo e riprendetevi la vostra libertà**

Per quanto riguarda il virus, c'è poco da temere. È quasi scomparso nel mondo. Quello di cui dovete avere paura è il vostro governo... Le persone che non leggono fonti di notizie alternative pensano che ciò che il governo dice loro sia la verità. Siate terrorizzati dal vostro governo; dovete riprendervi le vostre libertà pacificamente. Devono restituirvele, perché non ve le hanno prese in modo legale... e ora vi stanno esponendo a vaccini molto pericolosi".

'Quindi riprenditi pacificamente la tua libertà. Se non lo fai, non so come andrà a finire, ma non sarà bello".

# Capitolo 6: Infiammazione del cuore?

*'Congratulazioni, state distruggendo per una generazione TUTTA la fiducia in TUTTI i vaccini'* - *'Numero di casi di miocardite e pericardite 40 volte superiore al normale'*

Il CDC degli Stati Uniti sta tenendo una riunione di 'emergenza' sul numero 'inaspettatamente' molto alto di bambini e adolescenti che hanno sviluppato un'infiammazione cardiaca dopo essere stati iniettati con un 'vaccino' Covid-19 da Pfizer o Moderna. 'Urgenza' tra virgolette, perché la riunione non è per altri 7 giorni. Nel frattempo, i genitori sono ancora invitati a portare semplicemente i loro figli (dai 12 anni in su) in un luogo di iniezione. L'economista-storico di Yale e premiato ex giornalista e autore del New York Times Alex Berenson reagisce furiosamente: "Stupidi, stupidi idioti. Era tutto così prevedibile".

La miocardite (infiammazione del muscolo cardiaco) e la pericardite (infiammazione del pericardio) 'epidemia' si sta verificando soprattutto tra i giovani uomini e i ragazzi adolescenti (età 16 - 24) che sono stati vaccinati per la seconda volta. Recentemente, il CDC ha chiesto ai fornitori di assistenza sanitaria di chiedere ai pazienti con sintomi di infiammazione cardiaca se sono stati recentemente vaccinati contro il Covid-19.

**800 infezioni cardiache segnalate, ma presumibilmente molte di più**

Il database VAERS che tiene traccia delle 800 infezioni cardiache è stato aggiornato al 31 maggio, quindi nel frattempo il numero di adolescenti e bambini che sono stati colpiti da questo grazie alla loro vaccinazione sarà solo cresciuto.

Inoltre, storicamente solo dall'1% a un massimo del 10% del numero effettivo di vittime dei vaccini sono inclusi in questo database. Questo in parte perché le persone che si ammalano ancora (mortalmente) o muoiono qualche tempo dopo la loro vaccinazione non vengono più contate, e medici e ricercatori (come in Europa e nel resto del mondo) sono fortemente scoraggiati dal collegare i casi di malattia a una vaccinazione, anche se è stata appena somministrata.

Le persone che si ammalano di miocardite di solito devono essere ricoverate in ospedale. Su 285 pazienti registrati, 270 sono stati rimandati a casa. 15 di loro sono ancora in ospedale. Normalmente, solo da 2 a 19 bambini di 16 e 17 anni "dovrebbero" aver contratto la miocardite, ma il numero effettivo (fino al 31 maggio) è 79. Per il gruppo di età 18-24, il numero 'accettato' è da 8 a 83, ma in realtà 196 persone sono state colpite.

La FDA ha registrato 42 casi di miocardite/pericardite nei 42 giorni dopo la vaccinazione in 3,1 milioni di persone tra i 12 e i 64 anni. Tra quelli oltre i 65 anni, il numero era di 1260. I funzionari federali e i medici preoccupati considerano i numeri delle reazioni avverse, anche se molte volte superiori al normale in tutte le aree, ancora "accettabili", e quindi l'aspettativa generale è che la vaccinazione continui come al solito. L'unica considerazione è quella di dare ai bambini fino a 20 anni una sola iniezione, o di ridurre la dose, o di allungare il tempo tra le iniezioni.

**'Congratulazioni, state distruggendo TUTTA la fiducia in TUTTI i vaccini per una generazione'.**

Berenson, autore di "Tell Your Children: The Truth about Marijuana, Mental Illness and Violence", tra gli altri libri, è inorridito dalle autorità: "Congratulazioni, idioti. State per distruggere la fiducia di una generazione in TUTTI i vaccini e in tutte le misure di salute pubblica".

Ebbene, quella fiducia è scomparsa da tempo in un numero crescente di persone, signor Berenson, come dimostra il fatto che gli americani hanno dovuto essere persuasi ultimamente con biglietti della lotteria gratuiti, bonus e ogni sorta di festival dei premi ad andare a prendere i loro "colpi".

Berens ha analizzato tutte le statistiche, concludendo che l'incidenza delle malattie cardiache tra i bambini e gli adolescenti è fino a 40 volte superiore al normale. 'E considerate che la maggior parte degli effetti collaterali non vengono segnalati, anche se sono gravi'.

47

L'autore scrive di essere dietro una causa di uno studente che sta facendo causa alla sua scuola privata per aver richiesto che tutti gli studenti siano vaccinati contro il Covid-19. Un lettore ha riferito che ha già offerto 25.000 dollari di sostegno. In tutti gli Stati Uniti, numerose scuole e università stanno già imponendo le vaccinazioni.

## Israele: 275 casi

Lo stesso giorno (1 giugno), il Ministero della Salute israeliano ha riportato 275 casi di infezione cardiaca (di nuovo, per lo più giovani uomini tra i 16 e i 30 anni) su più di 5 milioni di vaccinazioni. Questo può sembrare poco, ma qui viene usato lo stesso sistema di registrazione fuorviante: vengono contate solo le persone che si ammalano poco dopo la loro vaccinazione, anche se è da tempo scientificamente noto che le persone possono ammalarsi in seguito alle vaccinazioni diversi mesi o addirittura anni dopo.

# Capitolo 7: Restrizioni ai vaccini?

*I viaggi aerei per la gente comune sono stati una spina nel fianco del culto globalista del clima-vaccino per anni. Ora, a quanto pare, si stanno prendendo dei provvedimenti per porvi fine una volta per tutte con la scusa della "salute" e della "sicurezza". Le persone vaccinate hanno un aumento del rischio di emorragia cerebrale o di infarto e i piloti europei sono chiusi in camere d'albergo nonostante le vaccinazioni.*

Le compagnie aeree in Spagna e Russia hanno iniziato ad avvertire le persone vaccinate di non salire su un aereo. Potrebbero anche essere colpiti da una no-fly zone. La ragione è che le persone vaccinate sono a rischio extra di coaguli di sangue (DVT: Deep Vein Thrombosis) nelle cabine pressurizzate ad alta quota, e possono quindi soffrire più rapidamente di un'emorragia cerebrale o di un attacco cardiaco.

Il CDC statunitense ha un avvertimento generale sul suo sito web per le persone che viaggiano più di quattro ore in aereo: "Più di 300 milioni di persone viaggiano ogni anno su voli a lungo raggio (di solito più di quattro ore). I coaguli di sangue, chiamati anche DVT (trombosi venosa profonda), possono essere un rischio serio per alcuni viaggiatori a lunga distanza... Chiunque viaggi per più di quattro ore, in aereo, auto, autobus o treno, può essere a rischio di coaguli di sangue.

**La fine per quasi tutti i viaggi?**

Il fatto che l'auto, l'autobus e il treno siano stati aggiunti a questa lista (in cui non ci sono cabine pressurizzate) fa sì che molti si chiedano se la setta globalista del clima-vaccino intenda, con la scusa della "salute" e del "clima", porre fine a quasi TUTTI i viaggi (tranne loro stessi, ovviamente).

Inizialmente, il piano era di permettere solo alle persone vaccinate di avere di nuovo accesso ai voli internazionali. Ora che si scopre che sono effettivamente a rischio maggiore, ci si chiede se non fosse davvero l'intenzione fin dall'inizio di porre fine ad almeno il 90% dei viaggi aerei.

### I piloti sono rinchiusi in camere d'albergo nonostante le vaccinazioni

Nonostante le loro vaccinazioni, i piloti e gli altri membri dell'equipaggio in Europa vengono chiusi in camere d'albergo immediatamente dopo l'arrivo in un aeroporto. Nella maggior parte dei casi, non sono autorizzati a lasciare l'aeroporto. A marzo, l'Agenzia europea per la sicurezza aerea (EASA) ha raccomandato che anche i piloti vaccinati siano messi in quarantena per almeno due giorni prima dell'imbarco.

Poiché i piloti vaccinati passano molto più tempo "in aria" e sono quindi ancora più a rischio, questo solleva la questione se il viaggio aereo non sia diventato permanentemente più pericoloso.

**Le compagnie aeree australiane negano che ci sia un rischio maggiore**

L'economista americano Martin Armstrong scrive di avere un amico che è stato vaccinato contro il Covid, e poi ha subito un coagulo di sangue che ha dovuto essere rimosso chirurgicamente.

Secondo l'Evening Standard britannico, il rischio è lo stesso per le persone vaccinate e non vaccinate. Le compagnie aeree australiane sostengono che non è affatto vero, e che si può volare solo se si è vaccinati. 'Naturalmente non sono interessati alla sicurezza delle persone', risponde Armstrong. Vogliono solo rimanere a galla'. Sono state registrate morti per coaguli di sangue dopo che le persone sono state vaccinate, senza volare. Altri hanno scoperto che i morti di Covid spesso avevano coaguli di sangue".

**I politici non ammetteranno mai i loro errori; non c'è più nessuno di cui possiamo fidarci".**

Come per tutto ciò che riguarda il Covid, non ci sono informazioni concrete. Probabilmente non ne avremo nemmeno, perché il governo sta spingendo il vaccino. I politici non ammetteranno MAI i loro errori, non importa quanta gente muore. Non possono essere perseguiti, perché controllano l'intero processo (giudiziario), e anche i media non aiutano".

Armstrong scrive che preferirebbe rimanere normale.
*Se non dovessi mai più lasciare la mia casa, va bene. Ne ho comunque abbastanza di questo mondo squilibrato. Aspetterò pazientemente la nuvola a forma di fungo che elimina la minaccia per l'umanità e segnala che è tutto finito. Semplicemente non c'è più nessuno nelle autorità di cui possiamo fidarci".*

# Capitolo 8: Gli Stati Uniti e la Cina lavorano insieme?

*Perché la Cina NON ha usato la contestata tecnologia mRNA/DNA nei suoi vaccini? - Direttore del NIH: "Anche la SARS-1 e la MERS vengono da lì*

E ancora un'altra "teoria della cospirazione" che si rivela essere un fatto concreto, smascherando così l'ennesima bugia perpetuata per mesi dai media e dai politici mainstream. Il Dr. Francis Collins, l'attuale direttore del National Institutes of Health (NIH) americano, ha ammesso francamente in un'intervista che gli americani e i cinesi hanno collaborato per rendere il coronavirus più contagioso per gli umani ('gain of function') nel laboratorio biohazard-4 di Wuhan. Il dottor Anthony Fauci, che è sempre più nei guai a causa delle sue molte bugie che ora sono state provate, ha negato al Senato in marzo che lui e il suo collega Collins avevano finanziato la ricerca sul "guadagno di funzione" nel laboratorio di Wuhan. Ora sembra aver commesso spergiuro su questo.

## SARS e MERS vengono da lì

Le dichiarazioni di Collins sono anche altamente incriminanti per il dottor Peter Daszak, che attraverso la sua Ecohealth Alliance ha ricevuto sostanziali sovvenzioni dal NIH per finanziare la ricerca sul "guadagno di funzione" a Wuhan. Collins ha spiegato in dettaglio come il NIH e l'Istituto di virologia di Wuhan

53

lavorano insieme. Ha insistito che c'è una "buona ragione" per questo, dato che sia la SARS-1 che la MERS "sono nate lì".

Mike 'Natural News' Adams sente in questo che sia la SARS che la MERS provengono dal laboratorio di Wuhan, ma secondo me con 'lì' Collins intendeva la Cina in generale. Infatti, la SARS-1 è emersa per la prima volta in Cina nel 2003. La sua diffusione è stata successivamente limitata ad altri quattro paesi.

Tuttavia, la MERS è stata individuata per la prima volta in Arabia Saudita nel 2012 (vedi anche il nostro articolo di ieri: Le riviste mediche annunciano una potenziale nuova pandemia: MERS-CoV). Adams ha quindi ragione di chiedersi, dopo tutto, se "Collins ha più informazioni che questi coronavirus relativamente nuovi e mortali (SARS, MERS) provengono entrambi dal laboratorio di Wuhan?

**La teoria del complotto si rivela un fatto concreto**

I dottori Collins, Daszak e Fauci hanno lavorato direttamente con la famigerata 'donna pipistrello' Dr. Shi Zhengli, che è finanziata e ricompensata dal Partito Comunista Cinese (CCP), secondo i rapporti della stampa del laboratorio di Wuhan. L'Istituto di virologia di Wuhan è anche il centro di un 'Gruppo del Fronte Unito' istituito per neutralizzare ogni potenziale opposizione e critica al PCC. Quando il laboratorio è stato identificato come possibile fonte del coronavirus l'anno scorso, la Cina ha bloccato un'indagine dell'OMS su di esso. Poi, per mesi, il Dr. Fauci ha proclamato le bugie cristalline ormai provate, e ha persino commesso spergiuro al riguardo.

Lo stesso vale per il dottor Daszak, regolarmente citato dai media occidentali, che continuava a insistere che un'origine artificiale del virus, cioè una "fuga di laboratorio" - intenzionale o meno - era una "teoria del complotto". Gli scienziati che facevano notare le molte incongruenze e le prove concrete che la teoria della zuppa di pipistrello o del mercato dei frutti di mare, accettata come "vera" anche in Europa, è una pura sciocchezza, venivano virulentemente attaccati e oscurati. Questo è successo persino allo scopritore dell'HIV e premio Nobel Luc Montagnier.

## Camminare con le fabbriche di COVID

Fauci, Daszak e altri scienziati del sistema hanno anche fatto di tutto per iniettare l'intera popolazione mondiale con "vaccini" sperimentali di manipolazione genetica, che ora hanno dimostrato di trasformare le persone in "fabbriche di picchi" ambulanti che vengono anche "sparsi" (esalati) nell'ambiente. In articoli precedenti abbiamo sottolineato il crescente numero di studi scientifici e rapporti che quei "picchi" esalati possono anche causare danni alla salute delle persone non vaccinate.

Se questo viene messo alla luce dei "Fauci Files" trapelati, da cui è emerso che il coronavirus è stato già indicato internamente come un "arma biologica" creata deliberatamente l'11 marzo 2020, allora emerge un quadro terrificante che è probabilmente troppo per la maggior parte delle persone a prendere tutto in una volta.

**I vaccini cinesi non contengono mRNA - perché non lì e qui?**

Considerate quanto segue: subito dopo lo scoppio della pandemia di corona, la Cina ha condiviso con il mondo tutte le informazioni sul (presunto) virus SARS-CoV-2, compreso il piano completo di costruzione genetica. Su questa base, in America, Europa, Russia e India sono stati sviluppati nuovi vaccini basati sulla tecnologia dell'mRNA e del DNA, mai usati o testati sugli esseri umani, con i quali si sta ora conducendo il più grande esperimento medico della storia iniettandovi il maggior numero possibile di persone e persino di bambini.

Tuttavia, i vaccini cinesi non contengono questa tecnologia mRNA/DNA. Lì, la società e l'economia hanno funzionato normalmente per un bel po' di tempo. Quale potrebbe essere la ragione per cui i cinesi non hanno voluto iniettare istruzioni di mRNA nella loro popolazione? Erano forse pienamente consapevoli dei rischi giganteschi che ciò avrebbe comportato?

Una domanda ancora più importante: perché è stato e viene fatto qui?

# Capitolo 9: Nessuna fuga?

*Un membro del governo canadese ha svelato la tabella di marcia globale verso un comunismo totalitario nell'ottobre 2020 in cui nessuno possiede nulla e tutti devono essere vaccinati obbligatoriamente!*

Ancora un altro paese che conferma una tendenza particolarmente preoccupante: dopo l'inizio della campagna di vaccinazione Covid-19, il numero di malati e morti esplode a Taiwan. La stessa cosa è successa prima in India, Cile e Seychelles, tra gli altri, dove sono stati distribuiti più colpi (AstraZeneca) che persone vive, dopo di che ci sono stati 146 volte più morti in 4 mesi che per la corona l'anno scorso. E come abbiamo previsto da tanto tempo, le autorità si rifiutano di indicare i vaccini come causa, non importa quanto sia evidente il legame statistico. Ma i "vaccini" - scusa: terapia genetica sperimentale/manipolazione - sono ormai dichiarati intoccabili e sacrosanti, e così si sostiene effettivamente che è dovuto a una mutazione.

Taiwan si è liberata della corona all'inizio di quest'anno. Quasi nessuno moriva più di Covid-19, non c'erano quasi più malati, e la vita tornava alla normalità - tranne che per le misere maschere per la bocca, che dovevano ancora essere indossate nei luoghi pubblici. La ragione di questo può essere solo indovinata, dato che non ce n'era una medica.

Nonostante il fatto che l'ennesimo virus respiratorio fosse sotto controllo, il governo iniziò comunque una massiccia campagna di vaccinazione. Questa ha avuto un inizio molto lento a metà marzo, ma a partire da maggio, il numero di persone che si iniettavano l'mRNA/DNA sperimentale è salito improvvisamente alle stelle.

ESATTAMENTE in quel momento il numero di "casi" e di morti è salito alle stelle.

### Membro del governo canadese ha rivelato la road map del comunismo totalitario in ottobre

Il conduttore radiofonico americano Hal Turner cita una lettera aperta dell'ottobre 2020 di un membro del governo canadese, che abbiamo anche pubblicato all'epoca. Qui di nuovo le parti più importanti da esso:

Voglio darvi un'informazione molto importante. Sono un membro del comitato del Partito Liberale del Canada. Faccio parte di vari gruppi di comitati, ma le informazioni che do provengono dal comitato del piano strategico (che è controllato dal PMO)". Questo è l'ufficio del primo ministro di sinistra Justin Trudeau, il cui parlamento si è ora dato un potere illimitato e una durata illimitata senza elezioni finché ci sarà ancora una "pandemia". Trudeau è così diventato de facto il primo dittatore del Canada.

Hanno detto molto chiaramente che nulla può fermare il loro risultato pianificato. La tabella di marcia e gli obiettivi sono stati elaborati dal primo ministro, e vanno come segue:" (periodo previsto: fine 2020 - fine 2021)

* 'Introdurre gradualmente le restrizioni del secondo blocco. Iniziate prima con le principali aree urbane e poi espandetevi;

* Ottenere o costruire strutture di isolamento in ogni provincia ad un ritmo rapido;

* Aumentare rapidamente il numero di nuovi "casi Covid" e "morti Covid" in modo che non ci sia più sufficiente capacità di test;

* Completo e totale secondo blocco nel 2021, che è molto più grave del primo nella primavera 2020;

* Presentare la pianificata mutazione del Covid-19 o la "reinfezione" con un secondo virus (forse chiamato Covid-21 (o forse SARS-3 o MERS-CoV), portando a una TERZA ondata con un tasso di mortalità molto più alto e un tasso di infezione ancora più alto;

Il sistema sanitario è inondato di pazienti con Covid-19 / Covid-21;

* TERZO blocco con misure ancora più severe, come l'arresto completo di TUTTI i viaggi (secondo/terzo trimestre 2021);

* Implementare il reddito di base universale (per le decine di milioni di nuovi disoccupati che perderanno il loro lavoro in modo permanente a causa di questa politica. Questo UBI sarà completamente digitale, permettendo solo di rimanere in vita e guardare la TV);

Le linee di rifornimento crollano, grandi carenze (negozi, supermercati, online, ecc.), grande instabilità economica, seguita da caos, panico e dislocazione totale;

Schierare i militari e stabilire posti di blocco su tutte le strade principali. Viaggi permanentemente estremamente limitati (solo con pass / permesso). (Terzo / quarto trimestre 2021)".

A seconda della situazione geopolitica, la linea temporale potrebbe ancora cambiare (ad esempio, il 2021 potrebbe anche essere il 2022 o il 2023), ma "ci è stato detto che al fine di avviare questo effettivo collasso economico su scala internazionale, il governo federale sta per offrire ai canadesi una cancellazione totale del debito". Ma questo ha un prezzo molto alto: chiunque lo richieda rinuncia per sempre a tutti i diritti su ogni forma di proprietà, e si impegna a prendere tutte le vaccinazioni offerte.

I rifiutanti dovranno inizialmente vivere sotto rigidissime restrizioni di isolamento a tempo indeterminato, e quindi rimanere a casa

permanentemente. Ma questo durerà solo per un breve periodo, perché una volta che la maggioranza dei cittadini avrà fatto la "transizione" (alla schiavitù permanente sotto un sistema di controllo globale totalitario comunista e transumanista), "i rifiutanti saranno caratterizzati come una minaccia alla sicurezza pubblica, e spostati in strutture di isolamento.
**O, in altre parole, nei campi di concentramento.**

Lì sarà data loro un'ultima possibilità di "partecipare" ancora al programma e di farsi iniettare tutte le vaccinazioni. In caso contrario, rimarranno rinchiusi permanentemente e perderanno tutti i loro beni e diritti. Alla fine, il primo ministro ha lasciato intendere che tutto questo programma sarà portato avanti, indipendentemente dal fatto che siamo d'accordo o meno. E questo non sta accadendo solo in Canada. Tutti i paesi avranno simili tabelle di marcia e agende. Vogliono approfittare della situazione per fare cambiamenti su larga scala" (un reset finanziario con la moneta mondiale del FMI, il 'Grande Reset', 'Build Back Better', l'Agenda 2030 delle Nazioni Unite, il 'Green New Deal').

Dopo il crollo economico intenzionalmente avviato, molte delle decine di milioni di seguaci del sistema disoccupati saranno desiderosi di un lavoro in camicia marrone della BOA-Sturmabteilung nel governo, dopo di che imporranno lo scenario di cui sopra a dei concittadini riluttanti con spietata crudeltà. Amici, vicini, colleghi, familiari e parenti, studenti e scolari si tradiranno a vicenda "per il bene comune", e saranno felici che le "minacce alla loro salute" saranno eliminate per sempre. (Vedi anche: È così che il Reichsmarschall Göring fece dire al popolo: "Spaventateli e dite loro che i refrattari sono un pericolo") e la politica Corona fa a pezzi famiglie e amici, esattamente come si faceva nella DDR).

Proprio perché la maggior parte della gente si rifiuta ancora di credere che questo non può e non potrà mai più accadere, che siamo più civilizzati oggi e non commetteremo mai più simili atrocità, minaccia di accadere di nuovo. L'unica cosa che può fermare tutto questo processo, questo perfido piano preconcetto, è una massiccia presa di coscienza, seguita da un massiccio (ma ripetiamo: decisamente non violento!) NO.

# Capitolo 10: La prossima pandemia?

*MERS-CoV aveva un tasso di mortalità del 40% nel 2012 - variante africana resa contagiosa per gli esseri umani attraverso l'ingegneria genetica - Ripetizione del 2020, integrata da test obbligatori e vaccinazioni obbligatorie per tutti? - Prevedibile: la politica e i media daranno la colpa ai non vaccinati*

Esattamente secondo lo scenario che abbiamo descritto molte volte dall'anno scorso, le riviste mediche stanno annunciando la prossima pandemia ora che il Covid-19 sembra essere in via di estinzione: MERS-CoV. Possiamo quindi aspettarci una ripetizione di tutto, dall'allarmismo deliberato dell'anno scorso alla propaganda di disinformazione nei media mainstream e una corsa al sistema sanitario, dopo di che saranno prese misure "naturali" come nuove serrate severe, integrate da test obbligatori e vaccinazioni obbligatorie per tutti. Perché ancora una volta, l'intenzione principale di questa pandemia sembra essere quella di iniettare a tutti l'ennesima serie di nuovi vaccini sperimentali.

Non fate errori, questa non sarà l'ultima volta che il mondo affronta la minaccia di una pandemia", ha detto Tedros all'Assemblea Generale delle Nazioni Unite dei ministri della salute dei 194 stati membri all'inizio di quest'anno. È una certezza evolutiva che ci sarà un altro virus con il potenziale di essere ancora più infettivo e mortale di questo".

In effetti, quell'altro virus potrebbe già essere in arrivo. Un team internazionale di ricercatori ha scoperto che la sindrome respiratoria del Medio Oriente (MERS) è a poche mutazioni di distanza dal diventare una grave pandemia. Nel loro documento, pubblicato su Proceedings of the National Academy of Sciences, descrivono la loro ricerca su diverse varianti di MERS.

Il MERS-CoV è emerso per la prima volta in Arabia Saudita nel 2012, e si dice che sia particolarmente letale. Circa il 40% dei primi pazienti sono morti per le loro infezioni, che sarebbero state causate principalmente da dromedari infetti. E coincidenza o no, sono state trovate anche prove che i pipistrelli avevano infettato i cammelli. Secondo i ricercatori, l'80% di tutti i dromedari testati (il 70% vive in Africa) hanno ora gli anticorpi nel sangue.

**Variante africana resa contagiosa per gli esseri umani attraverso l'ingegneria genetica**

L'epidemia di MERS-CoV non ha ricevuto molta attenzione perché non ci sarebbe stata una contaminazione da uomo a uomo. Gli scienziati hanno indagato sul perché non molti altri africani - date le loro numerose interazioni con i dromedari - non si fossero infettati. Lì, il virus circola principalmente nei dromedari in Marocco, Nigeria, Etiopia e Burkina Faso. Sono stati raccolti dei campioni e si è scoperto che le varianti che si presentano in Arabia possono essere facilmente trasmesse da persona a persona, ma non quelle in Africa.

La differenza tra le varianti è negli aminoacidi della proteina S. Modificando geneticamente la variante africana in modo che avesse gli stessi aminoacidi "arabi", sono riusciti a rendere la variante africana più infettiva anche per le cellule umane. La grande domanda non posta, naturalmente, è: perché vorresti farlo? Perché si vorrebbe rendere un virus che è (quasi) innocuo per gli esseri umani molto più infettivo, come è successo con il coronavirus?

Comunque, i ricercatori pensano che la ragione per cui le varianti in Medio Oriente non sono ancora mutate per infettare molte persone è che il commercio di dromedari va quasi esclusivamente in un modo, dall'Africa al Medio Oriente. Tuttavia, avvertono che se questo commercio si inverte ad un certo punto, o se un altro animale diventa un portatore e viene scambiato in Africa, potrebbero verificarsi mutazioni che potrebbero causare una pandemia mortale. (1)

**Virus nella top 10 dell'OMS**

Il MERS-CoV è molto simile alla SARS-1 e causa anche sintomi respiratori molto gravi. Tra gli esseri umani, ha ancora un tasso di mortalità del 35%. Non esiste ancora un trattamento o un vaccino. Dal 2012, più di 2.100 persone sono state infettate dal MERS-CoV, 813 delle quali sono morte. Il virus è ora nella top 10 della lista dell'OMS delle malattie emergenti che dovrebbero essere studiate con la massima priorità (2).

## SPARS = MERS-CoV o SARS-3?

Alla fine dell'anno scorso, il possibile successore di Covid-19 era già stato annunciato: SPARS. In una simulazione della Johns Hopkins University, questa pandemia scoppia nel 2025 e dura fino al 2028.

'The SPARS pandemic 2025 - 2028; A Futuristic Scenario for Public Health Risk Communicators' (PDF, 2017) era una simulazione simile al successivo 'Event 201' dell'ottobre 2019, in cui ci si esercitava in ogni dettaglio sulla gestione di un'epidemia globale con un coronavirus che, secondo le previsioni di lavoro, avrebbe ucciso 65 milioni di persone. Quella 'simulazione', come tutti sapete, è diventata realtà sotto quasi tutti i punti di vista (solo il numero di morti, per fortuna, rimane molto indietro (ancora?)).

Infatti, un documento della Banca Mondiale afferma che l'attuale 'progetto' chiamato 'Covid-19 Strategic Preparedness and Response Program (SPRP)' durerà fino al 31 marzo 2025. Solo allora la SARS-CoV-2 / Covid-19 sarà presumibilmente dichiarata definitivamente 'finita', anche se nel frattempo alla Covid potrebbe subentrare anche la MERS-CoV.

Dopo di che il successore potrebbe iniziare ad apparire immediatamente: SPARS, che è un riferimento alla città statunitense di St. Paul dove questo futuro coronavirus emergerà per la prima volta secondo la simulazione. Questo nuovo virus, naturalmente, sarà rinominato nel 2025 o intorno ad esso, e potrebbe anche ricominciare in Asia, per esempio. Tuttavia, potrebbe anche diventare SARS-3, che è già pronto in un laboratorio italiano.

Quindi non è improbabile che la SPARS diventi effettivamente SARS-3 o MERS-CoV. Il 2025 era solo un anno fittizio, che potrebbe facilmente diventare il 2023 o prima. La simulazione SPARS parlava anche di un vaccino chiamato COROVAX come la soluzione desiderata per fermare questa "pandemia", e che sarebbe stato introdotto nello scenario nel luglio 2026. Tre anni dopo questo documento del 2017, un vaccino COROVAX è stato letteralmente sviluppato.

**Questo è il modo in cui gli anti-vaxxers sarebbero convinti**

Una notevole somiglianza con SARS-CoV-2 / Covid-19 è che l'infezione fittizia SPARS (/ MERS-CoV o SARS-3?) è spesso seguita da una grave polmonite batteriologica (pag. 57). Descrive anche come una nota anti-vaxxer "vede la luce" dopo che suo figlio neonato sviluppa una grave polmonite, e guarisce solo dopo la somministrazione di farmaci regolari. Le autorità usano poi storie come questa per convincere gli oppositori del vaccino.

Somiglianza sorprendente con il 2020-2021: "... diversi politici influenti e rappresentanti delle istituzioni sono finiti sotto tiro per aver sensazionalizzato la gravità dell'evento per un certo guadagno politico... Un ampio movimento sui social media, guidato principalmente da schietti genitori di bambini colpiti, insieme alla diffusa sfiducia nei confronti di 'Big Pharma', ha sostenuto la narrazione che lo sviluppo di SPARS MCMs (vaccini) non era necessario, e guidato da alcuni individui in cerca di profitto.

Ha anche indicato "teorie di cospirazione" che questo virus è stato anche creato intenzionalmente, e/o deliberatamente scatenato sulla popolazione dal governo come arma biologica (pag. 66). Nel frattempo, i 'Fauci Files', pubblicati anche dai media mainstream americani, hanno rivelato che il coronavirus è stato internamente definito un'arma biologica creata deliberatamente già l'11 marzo 2020.

**I non vaccinati saranno presto incolpati direttamente**

I produttori farmaceutici, che hanno dimostrato nell'ultimo anno quanto possa essere estremamente redditizio vaccinare durante una p(l)andemia, sono impegnati a sviluppare nuovi vaccini. Bloomberg ha indicato a fine maggio la GlaxoSmithKline (e il partner Sanofi), che sta già realizzando la prossima generazione di vaccini Covid. Secondo Roger Connor, capo dello sviluppo dei vaccini, un periodo di prova di un nuovo vaccino su più di 37.000 persone doveva iniziare già a giugno.

Date le reazioni sempre più dure e spesso scioccanti nella società alle persone che si rifiutano di essere vaccinate contro il Covid-19 (le richieste di vaccinazioni forzate stanno diventando più forti, e si sono anche sentite le prime richieste di mettere i rifiutanti nei campi), pensiamo che abbiamo superato da tempo la fase di "convincere" gli anti-vaxxers, e presto, se questa prossima pandemia arriverà davvero, andranno dritti a incolpare apertamente e falsamente le persone non vaccinate da politici e media.

Supponiamo che i vaccini causino davvero enormi problemi di salute, come i migliori scienziati e altri esperti stanno predicendo da mesi (vedi i nostri numerosi articoli su questo argomento). Allora ci sarà una nuova corsa all'assistenza sanitaria e agli ospedali, dopo di che saranno prese di nuovo misure severe. In TV, "scienziati" approvati dal complesso farmaceutico-vaccinale sosterranno che non è a causa dei vaccini, ma di una mutazione che ha potuto emergere grazie alle persone non vaccinate.

# Capitolo 11: Sars 3

*Il Forum Economico Mondiale, come l'Organizzazione Mondiale della Sanità, è emerso come uno dei più veementi nemici della libertà e dell'umanità.*

*Pianificato (false flag) attacco informatico del WEF per destabilizzare il sistema finanziario tra agosto 2021 e marzo 2022 - Il prossimo "virus assassino" sarà il SARS-3, che è già stato prodotto in un laboratorio italiano, o lo SPARS?*

L'élite del potere globale è così autorizzata dalla devozione servile e dall'ingenua credulità del 90% della popolazione che non viene fatto alcun sforzo per nascondere la realtà che un grande scenario pianificato e predeterminato viene effettivamente messo in atto.

Il direttore dell'OMS Tedros Adhanom Ghebreyesus, un comunista impegnato, sta ora apertamente proclamando la prossima pandemia, che sarà "più contagiosa e letale" del Covid-19, come forse sapete. Le aziende farmaceutiche si stanno strofinando i palmi delle mani e hanno già iniziato a preparare e testare il prossimo ciclo di vaccinazioni.

Non fate errori, questa non è l'ultima volta che il mondo affronta una minaccia pandemica", ha detto Tedros all'Assemblea Generale dell'ONU di 194 ministri della salute degli stati membri. È una certezza evolutiva che emergerà un altro virus molto più contagioso e letale di questo".

La 'certezza evolutiva' era un eufemismo per 'questo è ciò che noi, come Covid-19, abbiamo minuziosamente sviluppato e pianificato in collaborazione con il World Economic Forum'. Forse l'altro virus è lo SPARS, di cui abbiamo scritto all'inizio di quest'anno e che doveva arrivare nel (circa) 2025? Sarà la SARS-3, che è già stata prodotta in un impianto italiano e che potrebbe essere rilasciata sul grande pubblico in qualsiasi momento?

**Il bilancio delle vittime sta scendendo, ma non siamo ancora fuori pericolo".**

Naturalmente, il capo dell'OMS ha dovuto dichiarare che il numero di casi e di morti di Covid-19 è in costante diminuzione da tre settimane. Fare diversamente renderebbe molto chiaro che le vaccinazioni stanno avendo l'effetto esattamente opposto in luoghi come l'India. Dall'inizio dei vaccini, il numero di morti giornaliere è salito da 100 a quasi 4500 ogni giorno. Le linee guida per il test PCR, molto abusato, sono state modificate "segretamente" a gennaio, apparentemente per far sembrare che le vaccinazioni abbiano successo.

**I vaccini sono ora in fase di valutazione.**

Le aziende farmaceutiche, che hanno visto quanto può essere redditizio vaccinare durante una pandemia nell'ultimo anno, stanno già lavorando su nuove vaccinazioni. Lunedì scorso, Bloomberg ha riferito che

GlaxoSmithKline (insieme al partner Sanofi) sta lavorando alla prossima generazione di vaccinazioni Covid. Una sessione di prova utilizzando una nuova vaccinazione su più di 37.000 pazienti inizierà già la prossima settimana, secondo Roger Connor, capo dello sviluppo dei vaccini.

**È necessario mettere in ginocchio la popolazione.**

Si può ormai dire che l'ordine globalista stabilito, guidato dal Forum Economico Mondiale, dalle Nazioni Unite, dall'Organizzazione Mondiale della Sanità, dal Fondo Monetario Internazionale, dall'Unione Europea e dall'alleanza Gavi, e sostenuto da quasi tutti i partiti politici, ha lanciato un assalto frontale all'umanità. Come forse sapete, la fase 2 di questa pandemia è già stata annunciata: un attacco informatico (false flag) al sistema finanziario occidentale (in bancarotta), e forse anche all'approvvigionamento energetico, con l'obiettivo di mettere in ginocchio la popolazione e costringerla ad accettare senza resistenza il "Grande Reset" comunista ("Build Back Better"), o la "Quarta rivoluzione industriale" nel quadro dell'Agenda 21/2030 delle Nazioni Unite.

Il WEF ha eseguito delle simulazioni, simili alla simulazione della pandemia di corona nell'ottobre 2019 ("Evento 201"), per vedere come realizzare al meglio un tale attacco informatico, che taglierà fuori la popolazione dai suoi conti bancari, forse da internet, e forse anche (parti della) loro fornitura di energia (e quindi trasporto e approvvigionamento alimentare) per giorni, forse settimane, e come trarre il massimo dalle conseguenze previste.

Secondo Armstrong, il recente attacco informatico al Colonial Pipeline negli Stati Uniti, che è stato presumibilmente bloccato dagli hacker e poi rilasciato dopo aver pagato una tassa di estorsione di 5 milioni di dollari, è stato anche un test per vedere se il previsto attacco informatico al sistema finanziario potrebbe essere effettuato in questo modo. 'Ora possono sostenere che il malware è redditizio, e l'intero globo è a rischio'. Questo è lo scenario più probabile in questo momento".

Questa minaccia sembra essere motivata dal desiderio di completare il Grande Reset. Covid è stato grossolanamente gonfiato, e quelli dietro i modelli fasulli che sono stati usati per appiattire l'economia globale stanno per guadagnare molto dall'inflazione di questo pericolo informatico. La domanda ora è: quando lo faranno? Sarà quest'anno o l'anno prossimo?

# Capitolo 12: Soppressione del sistema immunitario

*Covid-19 è "principalmente una malattia vascolare", secondo i ricercatori - Circulation Research: Il danno ai polmoni è aiutato dalla proteina spike - Il tuo sistema immunitario sta lavorando contro di te per proteggerti dal vaccino.*

In una pubblicazione scientifica, i ricercatori del famoso Salk Institute, fondato dal pioniere dei vaccini Jonas Salk, ammettono indirettamente che le vaccinazioni Covid inducono coaguli di sangue pericolosi per la vita e danni sia ai vasi sanguigni che al sistema immunitario.

Abbiamo notato all'inizio di questa settimana che un numero crescente di noti scienziati sta arrivando all'opinione che i vaccini sono il più grande pericolo per la salute umana.

Migliaia di europei e americani hanno già pagato con la loro vita, e centinaia di migliaia con la loro salute, la loro partecipazione "volontaria" al più grande esperimento "medico" della storia.

In Occidente, tutte le vaccinazioni Covid programmano il corpo umano per creare la proteina spike, l'elemento più letale del presunto virus SARS-CoV-2, con l'obiettivo di proteggere gli esseri umani dalle conseguenze dannose della proteina spike.

In poche parole, facciamo produrre al tuo corpo qualcosa di dannoso per fargli generare anticorpi contro quello stesso pericolo, ma non abbiamo idea di come o se questo processo sarà mai fermato.

Allora perché non correre il "rischio" di prendere il virus, che ha dimostrato di non far ammalare il 99,7% della popolazione, se non del tutto? No, nel 2021, quella linea di ragionamento razionale e storicamente non controversa è improvvisamente così antiquata. Non possiamo più contare sul nostro sistema immunitario naturale e dobbiamo invece affidarci a ciò che viene somministrato attraverso una siringa.

**Il Covid-19 è soprattutto una malattia vascolare", dice il ricercatore.**

L'industria della vaccinazione, i politici e i media continuano ad insistere che la proteina spike è sicura, ma il Salk Institute ha ora stabilito che non è così. Al contrario, i ricercatori del Salk e altri colleghi scientifici avvertono nella pubblicazione "The spike protein of the new coronavirus plays an extra crucial role in disease" che la proteina spike danneggia le cellule, "confermando che il Covid-19 è in gran parte una malattia vascolare".

**Un'altra proteina spike che ha provocato tante vittime?**

Naturalmente, agli scienziati di Salk è vietato criticare direttamente i vaccini. Ecco perché, secondo il loro articolo, la proteina spike prodotta dai vaccini si comporta in modo molto diverso dalla proteina spike prodotta dal presunto virus.

Per cominciare, questo contraddice tutte le affermazioni dei produttori di vaccini che i loro vaccini creano la stessa proteina spike. In secondo luogo, mette in dubbio l'efficacia dei vaccini, perché se la proteina spike prodotta dai vaccini differisce significativamente da quella prodotta dal virus, che senso ha la vaccinazione (supponendo, per il momento, che questi "vaccini" geneticamente progettati funzionino)?

Sul lato positivo, anche gli scienziati pro-vaccino ora accettano che la proteina spike è da biasimare per un gran numero di morti e persone che soffrono di gravi effetti collaterali e danni alla salute a lungo termine, spesso permanenti. In altre parole, è un'ammissione implicita che le vaccinazioni Covid-19 sono potenzialmente fatali.

**La proteina Spike causa lesioni polmonari, secondo una ricerca pubblicata su Circulation Research.**

"La proteina spike SARS-Cov-2 compromette la funzione endoteliale inibendo l'ACE-2", secondo uno studio scientifico pubblicato su Circulation Research. L'interno del cuore e dei vasi sanguigni sono rivestiti da cellule endoteliali. Diminuendo i recettori ACE-2, la proteina spike "promuove le lesioni polmonari". Le cellule endoteliali nelle arterie del sangue sono danneggiate, e il metabolismo è interrotto come risultato.

Gli autori di questo studio erano anche a favore della vaccinazione, sostenendo che "gli anticorpi generati dal vaccino" possono proteggere il corpo dalla proteina spike. Essenzialmente, la proteina spike può causare danni significativi alle cellule vascolari, e il sistema immunitario può contrastare questo danno combattendo la proteina spike.

## Il sistema immunitario sta cercando di proteggerti CONTRO il vaccino

In altre parole, il sistema immunitario umano si sforza di difendere il paziente dagli effetti negativi del vaccino e dalle contro-reazioni per evitare che il paziente muoia. Chiunque sopravviva al vaccino Covid lo deve alla protezione del proprio sistema immunitario CONTRO il vaccino, non alla vaccinazione stessa.

La vaccinazione è l'arma", conclude Mike 'Natural News' Adams. Il tuo sistema immunitario ti protegge. Tutte le vaccinazioni Covid dovrebbero essere ritirate dal mercato immediatamente e rivalutate per gli effetti negativi a lungo termine basati solo su questa ricerca".

Secondo le statistiche ufficiali VAERS, il numero di morti legate ai vaccini negli Stati Uniti nel 2021 sarà quasi il

4000 per cento in più del numero totale di morti legate ai vaccini nel 2020.

**Il santo vaccino non è da biasimare per un attacco di cuore o un'emorragia cerebrale.**

Il seguente meccanismo è stato provato scientificamente ed è ormai accertato: le vaccinazioni Covid-19 incoraggiano il tuo corpo a produrre la proteina spike, che può causare danni vascolari e coaguli di sangue, che possono muoversi in tutto il corpo e finire in vari organi (cuore, polmoni, cervello, ecc.). Le persone che muoiono a causa di questo vengono definite "infarto", "coagulo di sangue" o "emorragia cerebrale" - i sacrosanti vaccini non possono e non devono mai essere incolpati, non importa quante prove ci siano oggi che dimostrano che sono le cause principali.

I vaccinati sembrano offrire un rischio ai non vaccinati, oltre alla possibilità di danni permanenti o mortali alla propria salute. Molti dei "wappies" della corona che hanno recentemente fatto le loro iniezioni sono stati trasformati in "fabbriche di punte" ambulanti, e possono ora esalare queste proteine di punte. Possono così infettare gli altri attraverso questo processo di 'spargimento'.

**I vaccini per le armi biologiche sono stati creati dall'amministrazione dell'apartheid contro la popolazione nera.**

I vaccini sono stati a lungo usati come armi biologiche contro il pubblico. Il governo dell'Apartheid del Sudafrica ha creato la tecnologia alla base di tale vaccinazione "auto-replicante". Gli scienziati stavano sviluppando vaccini "razziali" all'epoca, con l'obiettivo di sradicare gran parte della popolazione nera.

Quest'anno, la Johns Hopkins Bloomberg School of Public Health ha proposto di utilizzare un vaccino auto-replicante per "vaccinare" automaticamente l'intera popolazione mondiale. Droni e robot AI verrebbero successivamente utilizzati per far rispettare e monitorare il programma.

Le persone che sono ancora desiderose di iscriversi in un vicolo di vaccini per essere modificati geneticamente per generare una proteina picco potenzialmente pericolosa per la vita sembrano essere state completamente fuorviate dai media mainstream e dai politici di sistema. Sono stati insensibili a tutti gli avvertimenti e alle montagne di prove, e non possono credere che il mondo sia governato da mostri senza scrupoli che non si fanno scrupoli a commettere il potenzialmente più grande genocidio della storia umana.

# Capitolo 13: Passaporti e chip

Un'intervista del 2016 con l'alto dirigente del WEF Klaus Schwab, in cui prevede che "entro 10 anni" sarà adottata una tessera sanitaria globale obbligatoria, e tutti avranno microchip impiantati, si aggiunge alla prova che il numero Covid-19 è stato preparato con cura.

Si dice che Schwab stesse lavorando ad un piano almeno cinque anni fa per creare un'enorme epidemia di virus e sfruttarla per stabilire passaporti sanitari e collegarli a test e vaccinazioni obbligatorie, tutto secondo l'approccio problema-reazione-soluzione. L'obiettivo è quello di avere il controllo completo su tutta la popolazione umana del pianeta.

**Entro 10 anni, avremo microchip impiantati", ha detto Schwab cinque anni fa.**

Nel 2016, un intervistatore francofono gli ha chiesto: "Stiamo parlando di chip impiantabili?" "Quando succederà?

Assolutamente nei prossimi dieci anni", ha detto Schwab. Cominceremo mettendoli nei nostri vestiti". Possiamo poi immaginare di impiantarli nel nostro cervello o nella nostra pelle". Il caposquadra del WEF ha poi commentato la sua visione dell'uomo e della macchina che si "fondono".

In futuro, potremmo essere in grado di comunicare direttamente tra il nostro cervello e il mondo digitale. Osserviamo una fusione del mondo fisico, digitale e biologico". La gente dovrà semplicemente pensare a qualcuno in futuro per essere in grado di raggiungerlo direttamente attraverso la 'nuvola'.

Non ci saranno più persone biologiche con DNA naturale nel mondo transumanista, che finalmente diventerà completamente "digitale". La "nuvola" sarà utilizzata per memorizzare i dati di tutti.

**L'umanità ha cominciato ad essere riprogrammata geneticamente.**

L'attuale ordine economico sarà distrutto dal 'Grande Reset' ('Build Back Better') di Schwab. Il crollo finanziario incombente sarà sfruttato per lanciare un nuovo sistema globale basato solo su denaro e transazioni digitali. Questo nuovo sistema sarà collegato al mondo intero grazie alla tecnologia 5G. I rifiutanti saranno esclusi dalla "compravendita", in altre parole dalla vita sociale.

Alla fine degli anni 2020, i "vaccini" di mRNA Covid-19 hanno iniziato a programmare e manipolare geneticamente l'umanità per renderla "adatta" ad essere prima collegata, poi integrata, con questo sistema digitale globale, che, come sapete, credo sia il regno biblico della "Bestia".

Questi vaccini che alterano i geni hanno il potenziale di eliminare il vostro libero arbitrio e la capacità di pensare da soli, così come il vostro desiderio e la capacità di connettervi con il regno spirituale.

**Prospettiva cristiana: l'umanità è tagliata fuori da Dio**

Da una prospettiva cristiana, la riprogrammazione del DNA umano attraverso questi vaccini può essere vista come il tentativo finale di Satana di separare permanentemente l'umanità da Dio. Questa sembra essere la vera spiegazione dell'avvertimento del libro profetico dell'Apocalisse che gli individui che portano questo "marchio" periranno.

Questo non è semplicemente a causa di un chip e di una successione di pungiglioni; è a causa di ciò che quei pungiglioni faranno a e in voi. Di conseguenza, Dio non sarà in grado di salvare coloro le cui menti (libero arbitrio) sono state riprogrammate all'obbedienza totale ("adorazione"). Questo richiederà il Suo intervento, perché altrimenti l'umanità intera sarà persa per sempre.

**I falsi insegnamenti hanno accecato una gran parte del cristianesimo.**

L'aspetto essenziale di questo subdolo complotto, che è stato in lavorazione per molto tempo, era l'infiltrazione del cristianesimo con una serie di falsi insegnamenti, con l'obiettivo di mantenere i credenti ciechi fino alla fine dei tempi in preparazione dell'avvento e dell'instaurazione del dominio della Bestia.

Infatti, da decine a centinaia di milioni di cristiani, soprattutto in Occidente, credono che non dovranno mai vivere questo periodo. Anche ora, quando l'attuazione di questo sistema è iniziata, la maggioranza delle persone si rifiuta di accettarlo. Con le loro opinioni pro-vaccinazione, la maggior parte dei partiti e delle chiese cristiane stanno apertamente cooperando in questo "Grande Reset" verso il dominio della "Bestia". In termini teologici, il Vaticano è il motore più potente e convinto di questo.

**"Ma siamo stati ingannati!" non è una scusa.**

Forse un parallelo biblico può aiutare alcune persone a capire? Genesi 3, il racconto della creazione e della 'caduta', come ci viene raccontato oggi: Il serpente persuase Adamo ed Eva che non era permesso loro di 'mangiare' la 'mela', in questo caso il segno, cioè di non farsi pungere (test di radice di 'segno': charagma = graffiare/qualcosa con un ago = pungere), ma il serpente li convinse che questo segno non li avrebbe dannati, ma piuttosto li avrebbe fatti diventare 'dei'. Dopo essere stati persuasi da questa falsità, le loro lamentele contro Dio ('ma ci hanno mentito!') furono inutili, e morirono lentamente e dolorosamente. Potevano e dovevano sapere, quindi non avevano alcuna giustificazione.

Accettare "il segno", secondo la Bibbia, comporta una conseguenza ancora peggiore: la morte eterna. Permettersi di essere modificati geneticamente con vaccinazioni mRNA e poi integrati in una rete digitale globale, rinunciando così ad ogni controllo sul proprio corpo e sul libero arbitrio, starà ad ogni individuo decidere se il pericolo vale la pena.

# Capitolo 14: Niente più libertà

La Federal Occupational Safety and Health Administration (OSHA) degli Stati Uniti sta avvertendo i datori di lavoro che saranno ritenuti responsabili per qualsiasi danno alla salute dei loro dipendenti se sono tenuti a essere vaccinati contro il Covid-19. Questo potrebbe diventare una questione delicata anche in Europa, dato che il governo ha respinto in anticipo ogni responsabilità governativa e l'ha messa sul piatto degli operatori sanitari. Se alla fine nessuna agenzia vuole assumersi la responsabilità, allora in vista dei diritti umani queste vaccinazioni non possono essere direttamente o indirettamente rese una condizione per ottenere o avere un lavoro, o l'accesso a edifici ed eventi, come è ora l'intenzione.

Se un lavoratore americano è costretto ad essere iniettato con queste terapie geniche mRNA sperimentali confezionate come "vaccini" e successivamente rimane cieco o paralizzato, o addirittura muore, questo infortunio sarà considerato "legato al lavoro", il che renderà il suo datore di lavoro responsabile. Le linee guida affermano anche che i datori di lavoro sono tenuti a registrare gli effetti collaterali (gravi) e le reazioni avverse dopo le vaccinazioni Covid nei loro dipendenti.

La nuova direttiva dell'OSHA è stata pubblicata il 20 aprile, ed è stata una risposta alle aziende e alle istituzioni che avevano annunciato che tutti i loro dipendenti dovranno essere vaccinati, come la rete dell'ospedale Methodist di Houston. Coloro che si rifiutano saranno prima sospesi e poi licenziati.

## I vaccini hanno solo l'autorizzazione di emergenza

Si prevede che questa organizzazione ospedaliera e molti altri datori di lavoro saranno citati in giudizio se seguiranno questi piani e i loro dipendenti si ammaleranno o moriranno. Secondo il sistema di registrazione VAERS, quasi 200.000 americani hanno già subito danni alla salute dai vaccini Covid-19, e quasi 4.000 sono morti. Quasi 20.000 sono stati gravemente danneggiati (a lungo termine o permanente) (malattie autoimmuni, paralisi, cecità, la malattia muscolare ALS, Creutzfeld-Jakob, Alzheimer, ecc).

America's Frontline Doctors (AFLDS) avverte che i vaccini - come in Europa - hanno solo una licenza di emergenza temporanea, e solo per questo non possono essere imposti a nessuno. 'L'autorizzazione d'emergenza della Food & Drug Administration statunitense afferma specificamente che gli individui dovrebbero avere la libera scelta di accettare o rifiutare questi vaccini', spiega LifeSiteNews. 'Molti sottolineano che qualsiasi licenziamento per aver rifiutato i vaccini mina assolutamente la vostra necessaria libertà'.

Tuttavia, la Corte europea dei diritti umani ha recentemente stabilito che le vaccinazioni obbligatorie sono legali. Eppure, anche nei Paesi Bassi, nessun lavoratore dovrebbe accettare automaticamente che il suo capo richieda una vaccinazione Covid-19 come condizione per mantenere il posto di lavoro, o continuare a fare il lavoro per cui si è stati assunti.

# Capitolo 15: Nessuna assistenza sanitaria

*Alcuni medici sono così indottrinati e terrorizzati che danno la colpa ai malati stessi: "Il mio datore di lavoro mi ha fatto molta pressione perché fossi vaccinato".*

The Highwire, il programma americano sulla salute su Internet in più rapida crescita che ha già più di 75 milioni di spettatori, ha recentemente focalizzato l'attenzione su una tendenza preoccupante negli Stati Uniti che potrebbe verificarsi anche in altri paesi occidentali. Infatti, sempre più medici si rifiutano di curare le persone che soffrono di gravi effetti collaterali e reazioni avverse dopo la vaccinazione con un vaccino Covid-19. La ragione è ovvia: l'establishment politico e farmaceutico ha effettivamente canonizzato questi vaccini geneticamente manipolati. Se la gente si ammala molto o addirittura muore a causa di essi - negli Stati Uniti nel 2021 ci saranno già il 4000% in più di vittime dei vaccini che in tutto il 2020 per tutte le altre vaccinazioni messe insieme - allora le istruzioni sono che non può e non deve essere colpa del vaccino. I medici che tuttavia osservano questo devono temere per il loro lavoro e la loro carriera.

Alcuni medici sono così indottrinati che danno la colpa ai malati stessi. Chiamano le persone che soffrono di gravi effetti collaterali dopo la vaccinazione pazienti con un 'disturbo di conversione', temendo di mettere nella loro cartella che il vaccino è la probabile causa. (O, in altre parole, 'torna a casa, signorina, perché è tra le tue orecchie').

Il 4 gennaio, sono stata messa sotto pressione dal mio datore di lavoro per farmi vaccinare", ha raccontato Shawn Skelton. Dopo aver ottemperato, ha subito sperimentato effetti collaterali come lievi sintomi simili all'influenza. 'Ma alla fine della giornata, le gambe mi facevano così male che non ce la facevo più. Quando mi sono svegliata il giorno dopo, la mia lingua aveva delle contrazioni, e poi è andata sempre peggio. Il giorno dopo ho avuto convulsioni in tutto il corpo. Questo è durato 13 giorni".

**'Troppa paura di curarci', dicono.**

Un medico mi ha detto che la diagnosi era: 'Non so cosa c'è di sbagliato in te, quindi ti incolpiamo'", ha detto un altro. Skelton ha elaborato. I medici semplicemente non sanno come affrontare gli effetti negativi del vaccino mRNA. Credo anche che ne siano terrorizzati. Sono senza parole sul perché nessun medico vuole aiutarci".

Altri due operatori sanitari, Angelia Desselle e Kristi Simmonds hanno avuto esperienze simili. Anche loro hanno sofferto di convulsioni, e anche i loro medici si sono rifiutati di curarle. Un neurologo ha rifiutato il rinvio via e-mail di Desselle. Era uno specialista in disturbi del movimento, cosa di cui pensavo di aver bisogno. Il mio medico di base ha detto che sembrava che avessi il Parkinson in stadio avanzato. Ma mi ha risposto via e-mail che aveva compiti molto complessi e non poteva vedermi in quel momento".

Poiché anche altri medici le hanno tenuto la porta chiusa, è andata da un neurologo senza dire che era stata vaccinata contro il Covid-19. Non volevo essere mandata via di nuovo. Ma è nella mia cartella clinica, così quando l'ha guardata ha detto 'così hai preso il vaccino? E io ho detto 'sì, ma non volevo darle questa informazione perché ho bisogno di aiuto'. Ora sta finalmente ricevendo un trattamento per i suoi attacchi di emicrania.
In Europa, i medici generici e gli specialisti sono soggetti a regolamenti rigorosi.

Non sappiamo se anche i medici generici in Europa si rifiutano di curare i pazienti vaccinati che si ammalano. Tuttavia, è loro vietato prescrivere farmaci di provata efficacia e sicurezza a pazienti (sospetti) affetti da corona, come l'idrossiclorochina e l'Ivermectina. Niente dovrebbe minacciare il "santo" programma di vaccinazione di massa - recupero: programma di ingegneria genetica, dopo tutto.

**In Europa, i medici generici e gli specialisti sono soggetti a regolamenti rigorosi.**

Non sappiamo se anche i medici generici in Europa si rifiutano di curare i pazienti vaccinati che si ammalano. Tuttavia, è loro vietato prescrivere farmaci di provata efficacia e sicurezza a pazienti (sospetti) affetti da

91

corona, come l'idrossiclorochina e l'Ivermectina. Niente dovrebbe minacciare il "santo" programma di vaccinazione di massa - recupero: programma di ingegneria genetica, dopo tutto.

All'inizio di quest'anno, il governo ha messo ogni responsabilità per le conseguenze delle vaccinazioni Covid sulle spalle degli operatori sanitari e delle persone che sono vaccinate con esse. Non è quindi inconcepibile che gli operatori sanitari e gli specialisti in Europa siano riluttanti a riconoscere, e tanto meno a trattare, le vittime delle vaccinazioni come tali.

# Capitolo 16: Osare parlare

*Vaccinare durante una pandemia era precedentemente considerato "impensabile" nella scienza - fino all'anno scorso. È stata avviata un'indagine sui rischi crescenti di infezione e morte tra i vaccinati.*

I vaccini di massa globali contro il Covid-19 sono "impensabili", "inaccettabili" e un "errore storico", secondo Luc Montagnier, un virologo francese che ha vinto il premio Nobel nel 2008 per la scoperta dell'HIV. Le vaccinazioni sono la causa delle "varianti" e gli individui muoiono a causa della malattia.

Non è una svista tremenda? È stato un errore sia scientifico che medico". Montagnier ha osservato in un'intervista tradotta pubblicata martedì scorso dalla RAIR Foundation USA: "È un terribile errore". Questo sarà documentato nei libri di storia perché le mutazioni sono causate dalla vaccinazione".

Molti epidemiologi ne sono consapevoli, eppure tacciono su questo, anche quando si tratta di questioni ben note come il "potenziamento anticorpo-dipendente": "Sono gli anticorpi del virus che permettono alla malattia di peggiorare", ha dichiarato Montagnier all'inizio di questo mese in un'intervista con Pierre Barnérias di Hold-Up Media.

Anche se le varianti (mutazioni) si sviluppano naturalmente (ma praticamente sempre diventano meno letali e quindi meno pericolose), le vaccinazioni Covid sono ora i principali motori di questo processo. 'Qual è la funzione del virus? Morirà o troverà un altro modo? Le nuove variazioni si formano chiaramente in seguito all'intervento di certi anticorpi".

**Vaccinare durante le pandemie era considerato "impensabile" nella scienza fino all'anno scorso.**

Vaccinare durante una pandemia era un tempo considerato "impensabile" nella scienza perché è stato dimostrato che aumenta la quantità di individui malati e di morti. Le vaccinazioni hanno prodotto e portato alle nuove variazioni. Questo è qualcosa che si vede in ogni paese; è lo stesso ovunque. Le vaccinazioni causano mortalità in ogni paese".

I dati dell'Institute for Health Metrics and Evaluation dell'Università di Washington sono stati utilizzati in un video per evidenziare come il numero di morti aumenta sostanzialmente in tutti i paesi in cui sono state implementate le vaccinazioni. Montagnier ha citato i dati ufficiali dell'OMS che mostrano che da quando le immunizzazioni sono iniziate a gennaio, non solo il numero di morti, ma anche il numero di nuove infezioni e persone malate è aumentato drammaticamente, "soprattutto tra i giovani".

Si stanno studiando le infezioni e la mortalità dopo i vaccini.

La trombosi (coaguli di sangue) è una delle ragioni per cui numerosi paesi hanno smesso di usare il vaccino AstraZeneca, secondo il premio Nobel. Sta anche lavorando a uno studio sulle persone che si ammalano di coronavirus dopo essersi vaccinate. Secondo il CDC, almeno 5.800 americani sono stati colpiti dal virus ad aprile; 396 di loro sono stati ricoverati e 74 sono morti.

"Dimostrerò che stanno sviluppando varianti resistenti ai vaccini". Montagnier ha fatto notizia nell'aprile 2020 quando ha detto che il virus SARS-CoV-2 doveva essere stato creato in laboratorio. 'La presenza di elementi dell'HIV e di germi della malaria nel genoma del coronavirus è particolarmente sospetta'. Queste caratteristiche del virus non avrebbero potuto svilupparsi spontaneamente". Nel luglio 2020, ha pubblicato uno studio che conferma la sua idea.

### C'è un piano di eutanasia di massa in atto?

L'argomento che le vaccinazioni Covid-19 sono più simili a un programma di eutanasia al rallentatore, che potrebbe risultare in un genocidio aperto su una scala senza precedenti nel breve e medio termine, sembra sempre più giustificato. Le persone che sono state vaccinate di recente e sostengono che "nulla li disturba" dimenticano che i danni (gravi) delle vaccinazioni potrebbero richiedere settimane, mesi o addirittura anni per manifestarsi.

Poiché il virus non è ancora stato isolato in nessuna parte del mondo, alcuni credono che il "nuovo coronavirus" sia solo una massiccia truffa progettata per iniettare alla gente questa terapia genica sperimentale. Di conseguenza, si stanno gettando le basi per una piattaforma di programmazione RNA-DNA transumana che potrebbe alterare, controllare o paralizzare permanentemente chiunque abbia ricevuto questi vaccini.

# Capitolo 17: Mandato di veleno

*Rischio di avvelenamento da gas fosgene letale*

Gli ingredienti del "vaccino" Moderna Covid-19 sono stati rilasciati dal Dipartimento della Salute del Connecticut. Secondo il foglietto illustrativo, questo vaccino contiene "SM-102", che "non è accettabile per l'uso umano o animale", secondo il produttore. Il produttore, Cayman Chemical Company, ha detto all'OSHA che questa sostanza chimica produce "avvelenamento acuto" ed è "fatale al contatto con la pelle". Con un'esposizione prolungata o ripetuta, SM-102 "danneggia il sistema nervoso centrale, i reni, il fegato e il sistema respiratorio".

In breve, le persone che ricevono questo vaccino possono essere avvelenate. Nonostante questo, gli sforzi del governo e dei media continuano a propagandare la sicurezza delle vaccinazioni.

La lista completa degli ingredienti del Connecticut Department of Health è accessibile online (archivio qui) (Natural News specchio Modulo di screening pre-vaccinazione - V20, e Covid-19 lista degli ingredienti del vaccino e programma delle proteine di punta).

Le linee guida del governo per le strutture sanitarie affermano inoltre che il rischio di shock anafilattico dalle vaccinazioni è così alto che tutti i siti di vaccinazione dovrebbero avere a portata di mano farmaci per le reazioni avverse gravi. Perdita di coscienza, disorientamento, confusione, debolezza, diarrea, nausea, vomito, visione a tunnel, vedere lampi di luce, problemi di udito e perdita dell'udito sono tra i molti effetti collaterali riportati. (E questo per un virus che è completamente innocuo per il 99,7% della popolazione).

## SM-102

Dopo aver pubblicato queste informazioni, Hal Turner ha ricevuto numerose e-mail da persone che sostengono che le precauzioni SM-102 si applicano solo al cloroformio, non alla vaccinazione Covid di Moderna. L'SM-102 è il terzo elemento più diffuso nella lista degli ingredienti del "vaccino" Moderna, ed è il componente, secondo la Cayman Chemical Company".

### Avvelenamento mortale da gas fosgene

Il cloroformio, come qualsiasi altra sostanza chimica, si degrada. Quando entra in contatto con l'ossigeno, si decompone in gas fosgene", che è un "gas molto velenoso (una miscela di monossido di carbonio e cloro) che si liquefa a +8 gradi", secondo il Van Dale Large Dictionary. A sole 7 parti per milione, è fatale (7 parti per milione).

Di conseguenza, tutti coloro che ricevono questa iniezione potrebbero acquisire cloroformio, che può poi decomporsi in gas fosgene mentre circola nel loro corpo. Alcune, forse molte, persone potrebbero raggiungere una soglia mortale di gas fosgene nel loro corpo e morire di conseguenza, possibilmente entro 180 giorni dalla loro seconda dose".

L'avvelenamento da fosgene può potenzialmente portare alla formazione di un'embolia polmonare. I polmoni del paziente si riempiono di liquido, rendendogli impossibile respirare - esattamente quello che è successo a chi soffre di Covid-19 l'anno scorso, mettendoli in ospedale e richiedendo un supporto vitale.

**'Che tecnica ingegnosa per spopolare il mondo - nessuno se ne accorge'.**

Una volta che queste persone cadono a terra come mosche, gli stessi che ci hanno dato il vaccino possono facilmente dare la colpa a una variazione del Covid", conclude Turner. 'Che tragedia che siano morti a causa di questa mutazione, dalla quale il vaccino non è riuscito a proteggerli'. Potrebbe essere il caso della 'negabilità plausibile' dell'omicidio di massa? Prendete la vostra decisione". (Oppure viene usato per forzare l'ennesimo vaccino sul pubblico).

Turner conclude: 'Che metodo fantastico per spopolare il mondo'. Nessuno se ne accorge perché le morti e le punture avvengono in un lungo periodo di tempo, e i sintomi del gas fosgene sono identici a quelli del Covid".

La storia di Turner è stata rapidamente etichettata come "disinformazione" dal "fact checker" di Facebook Leadstories.com. Poiché questi tipi di "fact checker" sono stati una grande fonte di disinformazione più e più volte dall'anno scorso, e sembrano essere stati istituiti solo per dare alla falsa propaganda dei media mainstream un "timbro di approvazione", questo significa quasi automaticamente che ci può essere un grande nucleo di verità nel 2021.

**Volantino senza contenuto**

Un'infermiera aveva precedentemente dato a Turner le immagini del foglietto illustrativo obbligatorio che sarà incluso nei cartoni della vaccinazione Moderna. Quando l'ho visto, sono rimasto inorridito", ha detto l'operatore sanitario. Può dirmi dov'è la lista degli ingredienti?' In effetti, è risultato essere assolutamente vuoto. 'Non c'è niente che io abbia mai sparato in un paziente che assomigli a quello'. Sono consapevoli del contenuto".

Quando si parla di opuscoli informativi, conoscete un solo individuo vaccinato che ne abbia ricevuto o scaricato e letto uno prima del 'jab'? I prodotti alimentari devono contenere una lunga lista di ingredienti o non saranno venduti. Lo stesso si può dire per la maggior parte delle medicine e dei beni di consumo comuni. Allora perché, tra tutte le cose, c'è un'eccezione per i vaccini? Perché è reso il più difficile possibile per voi sapere cosa state iniettando nel vostro corpo e le potenziali conseguenze?

Comprereste una zuppa con l'etichetta "Sapremo se gli ingredienti sono sicuri fra tre anni"?

I sostenitori della vaccinazione si rifiuterebbero ancora di considerarla se leggessero l'orribile foglietto illustrativo del vaccino AstraZeneca/Vaxzevria, che recita: "Contiene un adenovirus geneticamente modificato derivato dallo scimpanzé e prodotto in cellule renali embrionali umane". I GVO (organismi geneticamente modificati) sono presenti in questo prodotto". ("Una singola dose (0,5 ml) comprende almeno 250 milioni di unità infettive di adenovirus dello scimpanzé, che codifica la glicoproteina spike SARS-CoV-2 ChAdOx1-S.")

Che dire della realtà in bianco e nero che l'efficacia, la stabilità e la sicurezza del vaccino non devono essere dimostrate chiaramente fino al 31 maggio 2022? Cioè non prima del 31 marzo 2024, o TRE ANNI da oggi, per i vecchi e i malati cronici (pag.16). Cosa farebbero i sostenitori della vaccinazione se andassero al supermercato per comprare una lattina di zuppa e vedessero sull'etichetta che non si saprebbe se i componenti di quella zuppa sono sicuri per la loro salute per un altro anno o tre? Non deciderebbero allora: "Non lo faremo per un po', prenderemo qualcos'altro?".

# Capitolo 18: Sangue tossico

Per il momento, la Croce Rossa in Giappone e in Belgio non accetta donazioni di sangue da chi è stato vaccinato contro il Covid-19. Secondo Jeffrey Kingston, responsabile degli studi sull'Asia alla Temple University, il Giappone non ha dimenticato la crisi degli anni '80, quando il governo approvò l'uso di sangue di donatori infetti da HIV. Questo avvenne nonostante fosse già noto che il riscaldamento poteva uccidere le particelle di virus nel sangue.

Solo il 2% dei giapponesi è ancora completamente vaccinato - recupero: terapia di manipolazione genica, contro il 35% negli Stati Uniti. Il governo giapponese, secondo Kingston, non è solo burocratico, ma anche cauto. C'è un tipico periodo di attesa per la donazione di sangue dopo altre vaccinazioni. Questo è di 24 ore per l'influenza, il colera e il tetano, 2 settimane per l'epatite B e 4 settimane per morbillo, parotite e rosolia.

**Per il momento, la Croce Rossa belga non accetta donazioni da coloro che sono stati vaccinati.**

La Croce Rossa Americana permette alle persone che hanno avuto i vaccini mRNA corona di donare il sangue nello stesso modo in cui è permesso alle persone che sono state infettate dal coronavirus. Non siamo riusciti a scoprire nulla riguardo alle donazioni di sangue sul sito della Croce Rossa, quindi pensiamo che possano continuare senza limitazioni.

Fino ad oggi, nessun virus respiratorio è stato dimostrato essere trasmissibile attraverso il sangue, compresi i coronavirus e il virus dell'influenza. Di conseguenza, dare e ricevere il sangue è privo di rischi", secondo il sito web della Croce Rossa belga.

Tuttavia, a differenza del solito vaccino antinfluenzale, sarete momentaneamente incapaci di dare dopo aver avuto una vaccinazione corona. La durata del tempo dipende dalla marca e se si hanno sintomi dopo aver ricevuto il vaccino". (Corsivo aggiunto) Di cosa sono i segni e i sintomi? Sicuramente, se sei stato vaccinato, sei al sicuro? Queste vaccinazioni non sono "provatamente sicure"?

# Capitolo 19: L'India si sta sgretolando

*Milioni di indiani si lavano nelle fogne a cielo aperto del fiume Gange, dove ogni giorno vengono scoperti decine di corpi.*

Il numero di morti per Covid-19 ogni giorno è passato da meno di 100 in gennaio a più di 4.500 in maggio da quando l'India ha iniziato la sua campagna di vaccinazione. Il chiaro legame tra vaccinazioni e autismo non è più discutibile. Tenete anche presente l'avvertimento del direttore del RIVM Jaap van Dissel dalla fine dell'anno scorso, quando ha anticipato che le vaccinazioni "potrebbero inizialmente aumentare la mortalità". E questo è esattamente ciò che sta accadendo in molte nazioni, tra cui l'India su vasta scala.

Ogni giorno si scoprono centinaia di morti nel Gange. Migliaia di indiani muoiono ogni giorno per malattie come la tubercolosi, il tifo, la malaria, il colera e l'influenza a causa delle condizioni sanitarie e nutrizionali ancora scarse del paese.

Le persone che avrebbero ricevuto il Covid-19 sembrano essere più suscettibili alle infezioni fungine, una volta rare, della mucormicosi e del tifo da macchia, che predano la debolezza del sistema immunitario. Il tifo a macchia colpisce circa 1 milione di asiatici ogni anno, ma la minaccia principale è la tubercolosi (resistente ai farmaci), che colpisce 2,8 milioni di indiani ogni anno e ne uccide 435.000.

**Il tasso di mortalità sale alle stelle dopo l'inizio delle vaccinazioni, passando da meno di 100 al giorno a più di 4500 al giorno.**

Più di 186 milioni di indiani sono stati immunizzati con il vaccino Covid-19 da gennaio. L'India stava andando abbastanza bene prima dell'inizio della campagna di vaccinazione. Il numero medio di morti legate al Covid è aumentato da ben meno di 100 nei primi tre mesi del blocco globale a circa 1000 in settembre e ottobre 2020, prima di diminuire di nuovo a molto meno di 100 in gennaio.

Poi sono state implementate le vaccinazioni, e il tasso di mortalità è salito alle stelle fino a 1500 al giorno in aprile e quasi 4500 in maggio. Infatti, 3532 varianti di Covid sono attualmente in circolazione in India, tutte apparse quasi immediatamente dopo l'inizio dei vaccini.

Com'è possibile quando due terzi della popolazione ha già sviluppato anticorpi, secondo una società di analisi privata? In aprile, la rivista Nature ha posto la stessa domanda. Perché oggi muoiono improvvisamente 45 volte più persone, se le vaccinazioni stavano già proteggendo così tante persone contro il Covid-19? Potrebbe essere dovuto all'Antibody Dependent Enhancement (ADE), che è stato messo in guardia da un certo numero di scienziati ed esperti, e che potrebbe diventare un problema nei Paesi Bassi in autunno, quando torneranno il Corona e altri virus respiratori?

**Le persone che sono state vaccinate sono più suscettibili alle principali malattie e infezioni".**

Non solo i vaccini avvelenano il sistema delle persone, rendendole più suscettibili alle conseguenze infettive (interferenza del virus), ma portano anche il sistema immunitario a fallire se viene riesposto alle mutazioni del coronavirus 'vivo' (ADE)", dice Mike 'Natural Adams'.

Secondo Adams, le ricerche cliniche hanno indicato che le vaccinazioni Covid-19 hanno reso i destinatari più vulnerabili a malattie più gravi. Il gran numero di pazienti che hanno sperimentato effetti avversi da questi vaccini, tra cui stanchezza, febbre, problemi di raccolta, letargia, paralisi, coaguli di sangue, e così via, è la prova che essi inducono malattie significative, indebolendo ulteriormente il sistema immunitario.

## 'Armi biologiche dell'autoimmunità'

Un programma di vaccinazione diffuso potrebbe incoraggiare i coronavirus a evolversi ancora più rapidamente, con conseguente aumento del cambiamento delle proteine Spike e, di conseguenza, la creazione di nuove varietà. La varietà B.1.617.2 che si sta diffondendo in India, secondo gli scienziati britannici, è il 50% più contagiosa". A proposito, questo è un evento comune; i virus che cambiano diventano sempre più contagiosi, ma quasi sempre diventano meno letali. Tuttavia, grazie ai vaccini, questa volta

potrebbe essere diverso, come il bagno di sangue in
India sembra implicare.

Inoltre, queste vaccinazioni agiscono come armi
biologiche per malattie autoimmuni, spingendo il corpo
delle persone a produrre proteine Spike, che possono
essere rilasciate nell'ambiente e portare alla rapida
evoluzione di particelle virali infettive. In seguito, i non
vaccinati sono esposti a una varietà di proteine Spike
dei vaccinati. Questo potrebbe spiegare perché il tasso
di mortalità dell'India è improvvisamente salito alle
stelle, e perché i corpi si stanno lavando a frotte lungo
le rive del Gange".

# Capitolo 20: Controllo totale?

*I primi componenti necessari per trasformare l'intera razza umana in tecno-schiavi totali sono già ampiamente distribuiti.*

*Le onde radio e i campi magnetici possono essere utilizzati per rendere sensibili le cellule cerebrali e nervose - il controllo del comportamento umano in luoghi con particolari radiazioni sta diventando una realtà.*

I ricercatori degli Stati Uniti hanno creato una proteina magnetica che può essere utilizzata per stimolare rapidamente le cellule cerebrali (e viceversa). Questa nuova tecnica può essere utilizzata per regolare le aree del cervello responsabili del comportamento complicato.

Poiché lo sviluppo della proteina Spike è importante per le vaccinazioni mRNA contro il coronavirus, è facile prevedere che in futuro, questo tipo di vaccino includerà un altro "programma" che sviluppa una proteina destinata a ottenere un controllo esterno sul nostro comportamento e pensieri.

**L'optogenetica viene eliminata a favore della chemiogenetica.**

L'optogenetica è l'approccio più potente. Impulsi di luce laser possono essere usati per accendere o spegnere gruppi di neuroni associati. La chemiogenetica è un nuovo approccio che è stato creato recentemente. Questo funziona attivando proteine personalizzate con "farmaci di design" (droghe, vaccinazioni) che possono essere mirate a certi tipi di cellule.

L'aspetto negativo dell'optogenetica è che richiede l'introduzione di fili di fibra ottica nel cervello, che possono penetrare nel tessuto solo in misura limitata. La chemiogenetica utilizza reazioni biologiche per attivare le cellule nervose in pochi secondi. Non è più necessario "aprire" il cervello con questo nuovo approccio.

**Progetto magneto**

Ricerche precedenti hanno dimostrato che le proteine attivate dal calore e dalla pressione meccanica delle cellule nervose possono essere modificate geneticamente per diventare sensibili alle onde radio e ai campi magnetici. Attaccando una particella (para)magnetica ad esse, così come brevi sequenze di DNA, si ottiene questo. Questo metodo è già stato utilizzato per controllare i livelli di glucosio nel sangue dei topi.

In un esperimento di laboratorio, la proteina "Magneto" creata è stata trovata in grado di essere assorbita da cellule renali umane. La proteina è stata poi attivata utilizzando un campo magnetico. Magneto' è stato poi inserito nel genoma di un virus, insieme a una proteina verde fluorescente e a sequenze di DNA che mirano esclusivamente a specifici tipi di neuroni, in un test successivo. Dopo di che, il virus è stato consegnato nel cervello dei topi. Magneto è stato attivato lì usando un campo magnetico, facendo sì che le cellule (del cervello) creassero particolari impulsi nervosi.

Poi fu il turno dei topi che potevano muoversi liberamente. Magneto è stato iniettato nella regione del cervello che controlla la motivazione e la ricompensa (neuroni della dopamina). I topi sono stati poi separati in gruppi e messi in una stanza dove alcuni erano esposti a un campo magnetico mentre altri no.

I topi Magneto sono stati trovati a trascorrere molto più tempo nella zona magnetica perché i neuroni della dopamina nel loro cervello sono stati impegnati, dando loro un senso di ricompensa quando erano lì. Questo ha dimostrato che il comportamento complicato può essere controllato e anche diretto utilizzando i neuroni Magneto situati in profondità nel cervello.

Steve Ramirez, un neurologo di Harvard, è entusiasta della nuova strategia. Questo metodo consiste in un singolo, bellissimo virus che può essere iniettato ovunque nel cervello", dice il ricercatore. Per alterare il comportamento degli animali (e più tardi degli esseri umani? ), avevano solo bisogno di essere esposti a un campo magnetico.

**Controllare il proprio comportamento in una zona colpita da radiazioni sta diventando più fattibile.**

Ora che gli esseri umani nell'anno 2021 stanno avendo istruzioni genetiche (mRNA) iniettate nei loro sistemi con il pretesto di "vaccini" per produrre una proteina (la proteina Spike), il prossimo passo è quello di aggiungere ALTRE istruzioni a questi tipi di vaccini. In un discorso del 2017, il CMO di Moderna ha delineato come l'mRNA può essere usato per modificare il DNA delle persone, rendendo i "vaccini" mRNA una piattaforma attraverso la quale gli umani possono essere programmati.

E sembra che questo è esattamente ciò che sarà fatto, con proteine che cambieranno il vostro comportamento quando siete in una zona con certe radiazioni in arrivo (come il 5G). Finché non sarà un fatto compiuto, i media mainstream lo chiameranno certamente "teoria della cospirazione" o "disinformazione". Protestare allora diventa privo di senso, dato che molto probabilmente non sarete in grado o disposti a farlo a causa di questa nuova tecnologia.

Di conseguenza, quando il CEO del WEF Klaus Schwab ha dichiarato l'anno scorso che entro il 2030 (ma forse molto prima) non possiederete nulla e sarete felici, era assolutamente serio. Sarete, infatti, cablati per essere felici, non importa quali siano le circostanze. Alcune persone sembrano essere impazienti di cedere la loro umanità, il pensiero indipendente e persino la loro

111

"anima" per diventare schiavi del sistema senza volontà, programmati, controllati e gestiti digitalmente.

# Capitolo 21: Mascherare le pecore

*Gli scienziati ritengono che le maschere facciali indossate dal grande pubblico comportino un rischio di infezione - Per oltre un secolo, tutte le esperienze pandemiche hanno dimostrato che le maschere facciali non funzionano nel combattere i virus e sono inefficaci come protezione.*

Recentemente, i media mainstream hanno pubblicato trionfalmente uno studio che dimostra che le maschere per il viso sono efficaci. Tuttavia, un breve sguardo al committente dello studio ha rivelato tutto: l'Istituto Max Planck, che è sostanzialmente sostenuto dal governo tedesco e dall'Unione Europea. Ciò che oggi è considerato "scienza" sarà quasi certamente "di chi mangia il pane..." nel 2020 e 2021.

Di conseguenza, non possiamo più aspettarci conclusioni imparziali o critiche da questi tipi di ricercatori "noi di WC duck..."; invece, si lasciano sfruttare, proprio come in passato, per timbrare i programmi governativi con approvazione. Infatti, un recente e completo metastudio tedesco ha concluso che le maschere facciali non solo sono inefficaci, ma anche pericolose per la salute.

Dopo un'ora di lettura sul sito del Max Planck Institute, è evidente che gli istituti e gli scienziati ad essi collegati sono come due mani in un guanto quando si tratta di trattare con il governo. Non ci sono note critiche, e non c'è un solo studio che contraddica anche solo marginalmente le affermazioni delle autorità. Si legge anche una richiesta di fare di più per combattere le voci anti-vaccino, come ad esempio bandirle da Internet, per renderlo più "democratico"...

## L'Inquisizione è tornata con un altro nome

La Chiesa cattolica, politicamente potente, trascinò Galileo Galilei davanti all'Inquisizione all'inizio del XVII secolo perché, come Copernico nel XVI secolo, sosteneva che la terra, come gli altri pianeti, gira intorno al sole (visione eliocentrica del mondo), e che noi non siamo il centro dell'universo (visione geocentrica del mondo). Per "dimostrare" che aveva torto, furono citati diversi "scienziati" affermati e tesi "scientifiche" e teologiche. Solo nel 1992 l'allora Papa Giovanni Paolo II si è scusato e il Vaticano ha ripulito il suo nome.

## Le maschere per il viso sono inefficaci e (molto) pericolose per la salute, secondo un metastudio.

Tuttavia, ci sono ancora degli scienziati che non hanno venduto l'anima al diavolo. Per esempio, un recente metastudio tedesco ha confermato ciò che è noto da oltre un secolo: le maschere facciali sono inefficaci e dannose per la salute. Ventidue delle 44 ricerche scientifiche che hanno trovato sostanziali effetti dannosi delle maschere facciali sono state pubblicate nel 2020, e ventidue di questi studi sono stati pubblicati sotto Covid-19. Ci sono stati 31 studi sperimentali e 13 studi osservazionali in totale. Le ben note maschere facciali blu e le mascherine N95 hanno attirato il 68% dell'attenzione.

**Esaurimento, confusione e malessere sono causati dall'aumento della difficoltà respiratoria, della frequenza cardiaca e della pressione sanguigna.**

Indossare tappi chirurgici (blu) per la bocca da parte di operatori sanitari sani (dai 18 ai 40 anni) provoca effetti fisici misurabili con un aumento dei valori transcutanei (attraverso la pelle) di $CO_2$ e cambiamenti significativi nella composizione del sangue dopo soli 30 minuti, secondo uno studio crossover randomizzato pubblicato nel 2005. L'aumento considerevole di $CO_2$ "respirata di nuovo" causa un aumento della resistenza respiratoria, richiedendo al corpo di esercitare una quantità crescente di sforzo, così come un grande aumento della frequenza cardiaca.

Gli effetti negativi possono sembrare minori all'inizio, ma indossare maschere facciali su base regolare si aggiunge a un crescente carico fisico. Si prevede che le maschere facciali abbiano impatti rilevanti per le malattie nel lungo periodo, secondo l'avvertimento. Alta pressione sanguigna, arteriosclerosi, malattie cardiache (sindrome metabolica) e malattie neurologiche sono solo alcuni degli effetti collaterali inevitabili dell'uso a lungo termine delle maschere facciali.

Anche un piccolo aumento di CO2 nell'aria inalata causa mal di testa, problemi respiratori (asma), pressione sanguigna e frequenza cardiaca elevate, che causano danni ai vasi sanguigni, e infine disturbi neuropatologici e cardiovascolari. Solo una pressione respiratoria leggermente aumentata per un lungo periodo di tempo ha un effetto simile. I livelli elevati di CO2 sono particolarmente pericolosi per le donne incinte perché compromettono l'apporto di sangue alla placenta.

**Attacchi di panico, iperventilazione, difficoltà cognitive e mal di testa sono tutti sintomi dello stress.**

È stato stabilito oltre ogni ragionevole dubbio che le maschere facciali causano danni significativi e, a lungo termine, duraturi alla salute. L'ormone dello stress, la norepinefrina, viene rilasciato molto istantaneamente dal cervello umano in risposta ai bassi livelli di ossigeno e al consumo di CO2 leggermente aumentato. Il livello di CO2 deve essere solo del 5% per produrre un attacco di panico in 15-16 minuti, secondo gli esperimenti di provocazione del respiro. La concentrazione abituale di CO2 nell'aria espirata è intorno al 4%.

I tappi per la bocca sono controindicati per gli epilettici, secondo i neurologi di Stati Uniti, Regno Unito e Israele, poiché possono causare iperventilazione. Infatti, indossare una maschera facciale può aumentare il tasso di respirazione dal 15% al 20%.

L'uso dei bocchini ha causato al 71,4% di 343 dipendenti della sanità di New York sintomi fisici (malattia) riconosciuti. Ancora peggio, il 28% aveva problemi di salute cronici per i quali avevano bisogno di farmaci.

Nel contesto di Covid-19, tutte le varietà di maschere facciali sono state valutate in profondità nel 2020. Conclusione: Dopo solo 100 minuti, creano gravi problemi di pensiero e di concentrazione, che sono prodotti direttamente dalla diminuzione del contenuto di ossigeno nel sangue. Un altro studio ha scoperto che le maschere facciali sono direttamente responsabili di più della metà dei mal di testa sperimentati da chi le usa.

### Infezioni e condizioni della pelle

Poiché i tappi della bocca coprono le vie respiratorie, la temperatura del corpo aumenta e l'umidità aumenta, alterando drasticamente l'habitat naturale della pelle. Molte persone hanno la pelle rossa, pruriginosa e secca, così come un'eccessiva produzione di sebo (acne). Peggiora e prolunga i disturbi della pelle, rendendo le persone più suscettibili alle infezioni. Questo perché sia le maschere facciali blu che quelle N95 permettono a germi, funghi e virus di moltiplicarsi velocemente sia all'interno che all'esterno delle maschere facciali (che si saturano dopo solo 10-15 minuti e poi non funzionano più comunque).

La pelle del viso non è fatta per rimanere nascosta per lunghi periodi di tempo. Un gran numero di persone sperimenterà problemi di pelle indesiderati ora che è necessario farlo comunque.

## Danni psicologici significativi, in particolare tra i bambini

I danni psicologici sono stati documentati in aggiunta alle numerose ripercussioni fisiche e alla sostanziale diminuzione della qualità della vita - perché anche le normali attività quotidiane come mangiare, bere e conversare sono gravemente compromesse. Le maschere facciali causano una sensazione di perdita di libertà e di autonomia (che può benissimo essere lo scopo dell'obbligo di indossarle), che può portare a una rabbia repressa e a una continua distrazione inconscia, soprattutto perché le maschere facciali sono spesso imposte da altri.

Le maschere compromettono i diritti umani fondamentali come l'integrità personale, il diritto all'autodeterminazione e all'autonomia, oltre a causare disagio e a provocare la perdita di alcune capacità psicomotorie, cognitive e mentali, nonché una ridotta reattività. Le maschere facciali sono particolarmente dannose per i bambini, che spesso sperimentano preoccupazione e tensione a causa di esse. Molti giovani si sentono male e infelici, si ritirano e si impegnano meno nella vita. (Un'intera generazione di giovani e adolescenti è stata così gravemente danneggiata).

**I media, sia ora che in passato, hanno giocato un ruolo molto dannoso.**

I sentimenti depressivi sono diffusi, con il 50% dei portatori di igiene orale intervistati che li sperimentano. La preoccupazione è esacerbata dai rapporti spesso esagerati e unilaterali dei media tradizionali. Solo il 38% della copertura mediatica della pandemia di Ebola nel 2014 conteneva fatti scientifici, e il 42% (significativamente) ha sovrastimato il pericolo, secondo una ricerca. Uno scioccante 72% dei pezzi dei media è stato progettato per far sentire gli spettatori peggio riguardo alla loro salute.

Non abbiamo ancora numeri concreti, ma crediamo che entro il 2020, solo il 10% della copertura delle notizie conterrà un qualsiasi fatto scientifico, e il 90% esalterà (seriamente) il pericolo del coronavirus. E, con poche eccezioni, tutti i media mainstream erano e sono colpevoli di instillare sentimenti di paura e incertezza 24 ore al giorno, 7 giorni alla settimana.

**Le maschere sono un simbolo di pseudo-solidarietà e di conformità".**

Secondo gli scienziati in uno dei documenti analizzati, le maschere facciali sono diventate "un simbolo di conformità e pseudo-solidarietà". L'OMS, per esempio, enfatizza esclusivamente gli ostentati "benefici" dell'indossare maschere facciali e cerca di creare in chi le indossa la (falsa) convinzione di aiutare a combattere un virus.

Conclusione del metastudio: "Gli effetti potenzialmente drastici e indesiderabili osservati in campi multidisciplinari sottolineano la portata generale delle decisioni globali di introdurre maschere facciali... Secondo la letteratura, ci sono conseguenze indesiderabili inequivocabili e scientificamente comprovate per chi indossa le maschere facciali, sia fisiche che psicologiche e sociali".

**Non c'è nessuna prova scientifica che il virus sia stato eradicato".**

Né l'OMS, né l'ECDC (Centro europeo per la prevenzione e il controllo delle malattie), né gli istituti nazionali (come il RIVM) hanno dimostrato con dati scientifici fondati una conseguenza positiva delle maschere facciali per la popolazione (nel senso di una ridotta diffusione del Covid-19)", si legge nella dura sentenza sulle maschere facciali.

Le autorità sanitarie nazionali e internazionali hanno imposto alla società i loro giudizi teorici sulle maschere facciali, contrariamente allo standard scientificamente stabilito della medicina basata sull'evidenza, anche se l'uso obbligatorio delle maschere facciali crea un ingannevole senso di sicurezza".

**Le maschere per il viso indossate dal pubblico rappresentano un rischio di infezione".**

Da un punto di vista epidemiologico infettivo, l'uso regolare di maschere facciali espone chi le indossa al pericolo di autocontaminazione sia dall'interno che dall'esterno (delle maschere facciali), così come attraverso mani contaminate. Inoltre, l'aria espirata fa sì che le maschere si saturino, permettendo alle sostanze chimiche che causano infezioni di raccogliersi all'interno. Questa tendenza può essere evidenziata dal notevole aumento di rinovirus nella ricerca Sentinel dell'RKI (Istituto nazionale tedesco di salute pubblica e ambiente) a partire dal 2020".

Le maschere facciali indossate dal pubblico sono considerate dagli scienziati un rischio d'infezione, poiché le regole d'igiene standardizzate negli ospedali non possono essere seguite dalla società". Oltre a ciò, il forzato "dover parlare più forte sotto una maschera porta a una maggiore produzione di aerosol (l'effetto di atomizzazione)" (che può essere misurato fino a 20 metri di distanza, e che rende automaticamente tutte le distanze sociali completamente inutili, poiché le maschere sono così sature dopo solo 10 - 15 minuti e non funzionano più comunque. E chi sostituisce la sua maschera ogni 10 minuti?).

**Le maschere per il viso non aiutano in nessuna epidemia moderna.**

121

Le maschere facciali di uso quotidiano non hanno raggiunto i risultati sperati nella lotta contro le infezioni virali durante le pandemie influenzali del 1918-1919, 1957-1958, 1968, 2002, e con la SARS 2004-2005, così come l'influenza del 2009 (influenza suina).

Le esperienze hanno indotto studi scientifici, che hanno concluso nel 2009 che l'uso quotidiano di maschere facciali non ha alcun effetto antivirale sostanziale. Anche più tardi, gli scienziati e gli istituti hanno determinato che le maschere facciali erano inefficaci nel proteggere gli utenti dalle infezioni respiratorie virali. Le maschere chirurgiche, anche quando sono usate negli ospedali, mancano di prove solide sulla prevenzione dei virus".

'Come sempre, nessun beneficio favorevole sulle infezioni o malattie è stato rilevato in un confronto pratico tra Svezia e Bielorussia da un lato e il resto d'Europa, così come gli Stati Uniti (tra gli stati con e senza maschere facciali obbligatorie).

# Capitolo 22: Vittime dei vaccini

*'Migliaia di morti evitabili a causa del Covid, e migliaia già a causa dei vaccini' - L'India ferma l'esplosione di morte dopo le vaccinazioni con Ivermectina e idrossiclorochina - Potrebbe essere lo stesso qui con le stesse immunizzazioni se tali procedure sono usate in America?*

Il professor Dr. Peter McCullough, una delle massime autorità mondiali sul trattamento del Covid-19, ha accusato il governo degli Stati Uniti di nascondere "numeri inimmaginabili" di vittime del vaccino in un'intervista.

Questo è esattamente lo scenario che abbiamo previsto per quasi un anno: i vaccini producono un numero enorme di nuove vittime, che vengono poi attribuite a una variazione di Covid o a qualche altra causa di morte, come è molto probabile che avvenga, per esempio, in India. Potrebbe essere il caso anche qui, se tali tecniche sono già utilizzate in America per convincere il maggior numero possibile di persone a prendere questi "vaccini"?

Ora siamo controllati dalla stessa élite di potere (WEF, ONU/OMS, Gavi/Gates, Big Pharma).

Con il sistema di registrazione delle vaccinazioni VAERS negli Stati Uniti, il numero di decessi da vaccinazione riportati si sta avvicinando a 5000, passando da circa l'1% a un massimo del 10% del numero reale in passato. A partire dal 15 maggio, circa 11.500 individui sono stati feriti nell'UE, con oltre 630.000 individui feriti su entrambe le sponde dell'Atlantico e altre decine di migliaia di persone permanentemente malate o inabili. Poiché il numero delle vittime dei vaccini è migliaia di volte superiore a quello di tutti gli altri vaccini messi insieme, di solito è necessario uno studio dettagliato.

**Un farmaco viene normalmente ritirato dal mercato dopo 50 morti.**

Ogni nuovo farmaco con cinque morti inspiegabili riceve un avviso di 'scatola nera', e poi si sente al telegiornale che questo farmaco può uccidere", spiega McCullough. 'E dopo 50 morti, viene rimosso dal mercato', dice l'autore.

Durante la pandemia di influenza suina del 1976, gli Stati Uniti cercarono di vaccinare 55 milioni di persone, ma lo sforzo fu interrotto dopo che 25 persone morirono e 500 rimasero paralizzate a causa del vaccino.

Ora sta accadendo l'esatto contrario sia in America che in Europa: più il numero delle vittime aumenta, più le autorità esercitano pressioni sulla popolazione perché si vaccini. E tutto questo con sostanze che sono state approvate solo provvisoriamente, e i cui produttori dovranno dimostrare la loro "sicurezza" solo tra qualche anno.

**Sarebbe impossibile per i medici del servizio civile certificare che le morti non sono state causate dalle vaccinazioni in un periodo di tempo così breve".**

I numeri sono addirittura falsificati di proposito, secondo lo stimato accademico. Alla fine di marzo, c'erano stati 2.602 decessi legati ai vaccini negli Stati Uniti. La FDA ha poi detto che 1600 morti erano state "investigate" da medici governativi anonimi, che erano giunti alla conclusione che nessuna di queste persone era morta a causa del vaccino.

È stato inquietante", ha detto McCullough. Sa per esperienza personale che normalmente ci vogliono mesi per completare un'indagine del genere, non solo pochi giorni o settimane. Sono stato presidente e ho partecipato a dozzine di commissioni di monitoraggio della sicurezza... e posso dirvi che non c'è modo che medici sconosciuti del servizio civile senza alcuna esperienza con il Covid-19 possano determinare che nessuna di queste morti era dovuta al vaccino".

**In realtà stanno morendo molte più persone.**

Poiché solo dall'1% al 10% delle morti da vaccino sono riportate storicamente, come convalidato da uno studio di Harvard, molte più persone moriranno in realtà di quanto non siano riportate nelle stime ufficiali, e certamente non 0.

Poiché solo dall'1% al 10% delle morti da vaccino sono riportate storicamente, come convalidato da uno studio di Harvard, molte più persone moriranno in realtà di quanto non siano riportate nelle stime ufficiali, e certamente non 0.

Confrontatelo con la vaccinazione antinfluenzale. Ogni anno, il VAERS riporta 20-30 morti, su 195 milioni di vaccinazioni. Con il Covid-19, gli Stati Uniti erano già a 2602 morti su 77 milioni di vaccinazioni, di gran lunga il numero più alto per i vaccini in tutta la storia. Nonostante questo, nessun politico affermato o giornalista dei mass media chiede un'indagine indipendente. Peggio, i pochi che lo fanno vengono immediatamente stigmatizzati e vilipesi.

**Si stima che l'85% di tutte le vite perse avrebbero potuto essere salvate".**

L'esperto di Covid pensa che le migliaia di morti (circa 16000 nell'UE e negli USA a metà maggio, sicuramente almeno altri 1000-2000 ormai) e centinaia di migliaia di malati e feriti continueranno all'infinito. Inoltre, ha detto davanti al Senato degli Stati Uniti il 19 novembre 2020, che "ora crediamo che fino all'85% delle vite perse potrebbero essere state salvate con un regime multi-farmaco".

Tuttavia, questi farmaci di provata efficacia e sicurezza sono severamente proibiti in America, Europa e Olanda per essere applicati ai (presunti) pazienti Covid-19. I medici generici possono essere multati di 150.000 euro se prescrivono l'Ivermectin.

Il governo è completamente nel sacco di Big Pharma e delle istituzioni controllate da Bill Gates come l'OMS, e ha deciso fin dall'inizio che solo un vaccino può portare la "salvezza".

**L'India usa l'Ivermectina e l'HCQ per porre fine alla mortalità.**

L'India ha iniziato a utilizzare l'Ivermectina e l'idrossiclorochina, molto contro gli interessi dell'OMS e di Big Pharma (HCQ). Di conseguenza, l'enorme aumento del numero di morti in seguito all'introduzione delle vaccinazioni è ora terminato.

**Ai media tradizionali è stato detto di non pubblicare alcuna critica ai vaccini.**

A tutti i media tradizionali, d'altra parte, è stato detto di ritrarre questi farmaci in una luce negativa e di pubblicare (quasi) nessun rapporto critico sui vaccini. Addirittura, su richiesta del governo, generano di proposito quanta più ansia possibile in Europa.

Questa palese censura e totale corruzione dei media rientra nella Trusted News Initiative, alla quale partecipano non solo i giganti dei social media come Facebook, Google/YouTube e Twitter, ma anche le grandi agenzie di stampa AP, Reuters e AFP, così come la BBC, CBC, EBU (European Broadcasting Union), Microsoft e il Washington Post. I fatti sul lato oscuro delle vaccinazioni sperimentali di terapia genica dovrebbero essere chiamati "disinformazione pericolosa" dai media mainstream.

**Dal momento che si traduce in così tante morti evitabili, come può essere etichettato altro che fascismo medico o addirittura terrorismo medico?**

Se i cittadini ricevessero "qualsiasi tipo di notizia onesta ed equilibrata sulla sicurezza", ha concluso McCullough, "semplicemente non prenderebbero questo vaccino". La Trusted News Initiative è davvero preoccupante, perché attualmente stiamo vivendo un numero record di morti, che aumenta ogni giorno".

Il governo e Big Pharma hanno una connessione simbiotica.

Il famoso medico ha sostenuto che il governo e Big Pharma hanno una relazione incestuosa, che proibisce alle organizzazioni di regolamentazione come l'OMS di essere in grado, volenterose o in grado di dare un giudizio obiettivo. Il National Institutes of Health americano, per esempio, è co-proprietario del brevetto Moderna. Di conseguenza, il governo ha un incentivo finanziario a vendere e somministrare quanti più vaccini possibile.

I pochi medici, scienziati e altri professionisti che ascoltano la loro coscienza di solito hanno troppa paura di parlare per nome. Comprensibilmente, perché altrimenti dall'anno scorso non è solo immediatamente la fine della licenza o la fine della carriera, ma si viene anche trascinati nel fango e in alcuni casi anche denunciati e/o intimiditi dallo stesso governo.

**Non scopriamo mai il vero numero di vittime".**

Secondo una recente valutazione di 500 residenti in case di cura condotta da un medico di Kansas City, 22 anziani sono morti entro 48 ore dal ricevimento di un'iniezione Pfizer. Non posso provare che il vaccino li abbia uccisi tutti, ma posso dimostrare che li ha uccisi tutti entro 48 ore. Devono essere monitorati solo per 15 minuti, secondo le linee guida, quindi non riusciamo mai a vedere i numeri reali. È difficile provare se succede dopo quei 15 minuti... Che Dio ci aiuti se la FDA lo autorizza.

Un coraggioso medico canadese è uscito allo scoperto. Il dottor Charles Hoffe ha infranto il divieto del governo di parlare, dicendo che "il vaccino Moderna ha ucciso e reso disabili i pazienti".

**Il governo non è mai stato interessato a curare le persone malate".**

Secondo McCullough, il governo aveva poco interesse a curare i malati (con i farmaci), ma invece adottò rapidamente l'agenda dell'OMS (solo allontanamento sociale, maschere per il viso, isolamento, test e attesa delle vaccinazioni).

Egli descrive una strategia in quattro fasi nel suo documento "A Guide for Home-Based Covid-19 Treatment: A Step-by-Step Doctor's Plan That Could Save Your Life" (dicembre 2020), dove il pilastro più importante, trattare e curare i pazienti affetti da Covid-19 con farmaci provati e sicuri, è stato completamente assente dalla politica pubblica. Egli ritiene che come risultato, decine di migliaia di persone sono morte inutilmente solo negli Stati Uniti.

L'anno scorso, l'accademico francese Christian Perronne, che ha una lunga e illustre carriera, ha scritto un libro dal titolo provocatorio "C'è un errore che non hanno fatto?" - Covid-19: Il santo matrimonio dell'incompetenza e dell'hubris". Secondo lui, se i malati di corona fossero stati trattati con zinco, idrossiclorochina/quercetina, vitamine C e D, e azitromicina fin dall'inizio (soprattutto come misura preventiva), ci sarebbero stati pochi morti e 25.000 francesi (l'80% del numero di morti dell'epoca) sarebbero ancora vivi oggi.

# Capitolo 23: L'umanità si sta restringendo

*La Terra è ancora incredibilmente sterile: ci sono poche indicazioni di civiltà umana visibili dallo spazio. - A New York, tutte le persone del pianeta entreranno in edifici di un piano". - "Avere figli dovrebbe essere in realtà un dovere della società", dice un dirigente Tesla che si concentra sull'RNA umano e sulla programmazione del DNA.*

Elon Musk, il CEO di Tesla, è noto per fare dichiarazioni che contraddicono l'immagine globalista del "Nuovo Ordine Mondiale". In un recente discorso, ha dichiarato che la nostra più grande sfida tra 20 anni sarà la sottopopolazione, non la sovrappopolazione. In precedenza abbiamo detto che, contrariamente all'assunto comune, la Terra ha spazio, cibo, energia e ricchezze più che sufficienti per sostenere almeno il triplo delle persone in un'esistenza prospera. Il più presto possibile. La vera fonte della nostra più grande preoccupazione è l'élite del potere globale, che sta facendo tutto il possibile per eliminare il maggior numero di persone possibile mantenendole impoverite, malate, affamate e quindi controllabili.

'Voglio sottolineare che il problema più grande tra 20 anni è il collasso della popolazione, non un'esplosione'. Dà come semplice esempio qualcuno che sgancia a caso una bomba da un aereo da qualche parte sulla terra. 'Quanto spesso si colpisce qualcuno allora? Di fatto, mai. Tutti i tipi di cose cadono sulla Terra dallo spazio tutto il tempo. Meteoriti naturali, parti di vecchi razzi, ma nessuno se ne preoccupa".

**Avere figli dovrebbe essere considerato quasi un obbligo sociale".**

Tutta la gente del pianeta potrebbe stare su un piano a New York. Gli altri piani non sono necessari". Secondo Musk, siamo così poco distribuiti nel mondo che siamo a malapena visibili dallo spazio. Dobbiamo stare attenti al collasso della popolazione'. Un basso tasso di natalità è un grande pericolo'. Egli avverte che come risultato, la nostra cultura potrebbe perire. Sarebbe una conclusione deprimente. L'età media sarebbe estremamente alta, e i giovani sarebbero costretti a prendersi cura degli anziani come schiavi.

Credo che, in una certa misura, la gente debba cominciare a considerare l'avere figli come un obbligo civico... Altrimenti, l'umanità perirà. Letteralmente. La ricchezza, l'educazione e la religione sono tutte inversamente collegate al tasso di natalità. Più una persona è devota, più figli ha". Sarà "come se qualcuno uccidesse metà della (futura) popolazione" in pochi decenni. Bisogna invertire qualcosa".

**"Al più presto possibile, dobbiamo abbandonare i combustibili fossili".**

Musk è, naturalmente, totalmente impegnato nella missione di "sostenibilità" verde come creatore e produttore di auto elettriche. È ottimista a questo proposito, poiché ritiene che anche la Cina sia all'avanguardia in questo settore, avendo già prodotto la metà dei veicoli elettrici del mondo. Crede che il mondo dovrebbe abbandonare i combustibili fossili il più presto possibile e orientarsi verso l'energia solare, eolica e idrica "sostenibile", così come l'energia nucleare in alcune situazioni.

Il frontman di Tesla dice che il petrolio, il gas e il carbone si stanno esaurendo velocemente, ma dimentica che questo è stato gridato per quasi 50 anni, e nuove riserve vengono costantemente scoperte che possono fornire all'umanità energia a basso costo per almeno un altro secolo, e probabilmente anche molti secoli.

### Perché ci sono le tasse sul CO2?

Sostiene anche che la società non sta pagando l'intero prezzo dei combustibili fossili e delle emissioni di $CO_2$. Di conseguenza, sostiene la necessità di pesanti tasse globali sul $CO_2$.

Anche qui dimentica qualcosa di importante, cioè che su una scala temporale geologica c'è ancora pochissima $CO_2$ nell'atmosfera (circa 450 ppm), e questo nonostante tutte le emissioni umane di $CO_2$ (che è solo una percentuale di molto dietro la virgola). Inoltre, tutte le prove geologiche mostrano che i livelli di $CO_2$ aumentano solo dopo l'aumento delle temperature, e non il contrario, come è stato sostenuto per tanto tempo. Questa menzogna viene mantenuta per convincere la popolazione ad accettare tasse sempre più alte e a tagliare il loro approvvigionamento energetico a basso costo.

Anche se i bisogni energetici dell'umanità smettessero di aumentare, il nostro pianeta non ha abbastanza superficie per costruire abbastanza mulini a vento e parchi solari. Per non parlare del gigantesco carico di acciaio e metalli rari che sarebbe necessario, oltre al fatto che soprattutto i mulini a vento hanno una durata di vita estremamente breve (massimo 20 anni, la pratica dimostra che i primi mulini si guastano dopo pochi anni. Ripulire i mulini a vento rotti è anche un affare molto costoso).

**RNA e DNA sintetici sono usati per programmare le persone.**

Musk è anche un forte sostenitore dell'RNA e del DNA programmabili (sintetici), che le vaccinazioni Covid-19 hanno già iniettato in una parte enorme della popolazione mondiale. 'Questo mi ricorda un programma per computer'. Se vuoi, puoi probabilmente fermare e invertire il processo di invecchiamento con esso'.

Abbiamo dimostrato che i veri obiettivi della creazione di esseri umani "programmabili" sono molto più sinistri, e sembrano essere principalmente finalizzati al controllo totalitario della popolazione e del comportamento, e alla riduzione massiccia della popolazione.

Tuttavia, è bello sentire per una volta un noto alto dirigente che ha una visione positiva dell'umanità, cosa che non si può certo dire della setta globalista clima-vaccino guidata da Klaus Schwab e Bill Gates.

# I nostri altri libri

Dai un'occhiata ai nostri altri libri per altre notizie non riportate, fatti esposti e verità sfatate, e altro ancora.

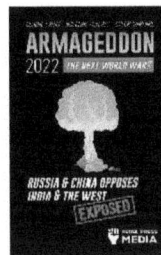

Unisciti all'esclusivo Rebel Press Media Circle!

Riceverai nuovi aggiornamenti sulla realtà non denunciata nella tua casella di posta ogni venerdì.

**Iscriviti qui oggi:**

https://campsite.bio/rebelpressmedia